Sartre e a ética

Sartre e a ética

ORGANIZAÇÃO
Marcelo S. Norberto
Fabio Caprio Leite de Castro

EDITORA PUC RIO

EDITORA

Coleção Diálogos

© **Editora PUC-Rio**
Rua Marques de S. Vicente, 225, casa Editora PUC-Rio
Gávea – Rio de Janeiro – RJ – CEP 22451-900
Tel.: (21) 3527-1760/1838
www.editora.puc-rio.br | edpucrio@puc-rio.br

Coordenador e editor: Felipe Gomberg
Editora assistente: Livia Salles
Produtora editorial: Tatiana Helich Lopes

© **Numa Editora**
www.numaeditora.com
contato@numaeditora.com

Preparação de originais: Beatriz Ostwald Luz Vilardo
Revisão de prova: Cristina da Costa Pereira
Projeto gráfico: Regina Ferraz
Editoração de miolo: SBNigri Artes e Textos Ltda.
Editoração de capa: F/damatta Design

Dados Internacionais de Catalogação na Publicação (CIP)

Sartre e a ética / organização Marcelo S. Norberto, Fabio Caprio Leite de Castro.
– Rio de Janeiro : Ed. PUC-Rio : Numa Ed., 2022.

212 p. ; 21 cm.– (Coleção Diálogos)

Inclui bibliografia
ISBN (PUC-Rio): 978-65-88831-70-0
ISBN (Numa): 978-65-87249-73-5

1. Sartre, Jean-Paul, 1905-1980. 2. Ética. I. Norberto, Marcelo S. II. Castro, Fabio Caprio Leite de.

CDD: 194

Elaborado por Marcelo Cristovão da Cunha – CRB-7/6080
Divisão de Bibliotecas e Documentação – PUC-Rio

Sumário

Prefácio

Como pode uma ausência se constituir como a mais justa definição de uma obra? Talvez porque esta condição não seja efetivamente de uma ausência, mas, antes, de uma exigência e, portanto, se instaure na sombra do conhecimento, como uma demanda que nunca adquirirá o acabamento esperado de um conceito. Esta é a relação entre o pensamento sartriano e a ética: um enlace entre uma requisição infinita e um empenho desmedido. A força desta brecha original produz na filosofia de Sartre um solo fecundo de abordagens em torno da moral, sem, contudo, gerar um apaziguador *corpus* doutrinário. Inevitável que esses tremores alcançassem seus intérpretes e aqueles que o sucederam no desafio de pensar a realização humana.

Para tanto, o trabalho sobre ética em Sartre não se restringe à eleição de uma obra para a função seminal do tema. Como não poderia deixar de ser, dos *Cahiers pour une morale*, passando pela *Crítica da razão dialética* até o volumoso *O idiota da família*, de uma palestra escrita e não proferida a um escrito que permaneceu sob a forma de um manuscrito, cada trabalho apresenta-se como uma oportunidade de ingresso na reflexão sobre a ética. Neste sentido, há uma disseminação e uma contaminação concomitantes no existencialismo. Cada entrada produz um campo de pressupostos que corporifica, ao seu modo, a moral em torno da condição humana. Sem que, com isso, possa se tomar as outras obras como marginais ou acessórias ao tema. Enfim, os textos presentes neste volume expressam esta trama tecida em consonância com seu objeto e impregnada por seu tempo.

Os organizadores

A recusa da moral estabelecida e a busca por autenticidade na ética sartriana

Fabio Caprio Leite de Castro

Ao nos aproximarmos da obra de Jean-Paul Sartre, somos conduzidos por uma permanente insatisfação com o *status quo*, revelada como recusa em aceitar a legitimidade das morais institucionalizadas e estabelecidas. De uma parte, encontramos na vasta gama de seus escritos a referência, tanto expressa, quanto silenciosa, ao tema da liberdade existencial em sua dimensão axiológica e moral. Todavia, de outra parte, sabemos que não há entre seus escritos uma abordagem teórica definitiva das questões éticas. As idas e vindas de Sartre ao problema moral e o abandono do projeto daquele que seria um de seus maiores livros, precisamente a sua *Ética*, são fatos que mobilizam diferentes possibilidades hermenêuticas. A interpretação que considero a mais sólida, tendo em vista o conjunto da obra sartriana, perpassa os seus diferentes momentos, a partir dos diferentes paradigmas filosóficos com os quais ela opera, fazendo emergir as questões acerca da ética tal como Sartre as elabora. Minha hipótese é que o pensamento sartriano se transformou progressivamente ao longo do tempo, sempre, porém, guardando o núcleo essencial dos momentos anteriores de seu desenvolvimento. Certamente, podemos delimitar nossa análise a apenas um desses momentos, como, por exemplo, o período fenomenológico dos anos 1930 ou o pós-guerra, e em apenas uma de suas dimensões, como a literária, a dramatúrgica e a política. No entanto, se quisermos satisfatoriamente compreender o que veio a significar a ética em Sartre, no seu processo dialético de construção, precisamos seguir o fio condutor de suas obras. Foi essa a abordagem que realizei no livro *A ética de Sartre* (2016). O que apresento nas próximas linhas é um pequeno ensaio sobre alguns desdobramentos dessa posição, especialmente no que tange ao estatuto teórico e à validade de noções fundamentais para uma *moral ontológica*, como a busca de autenticidade através da conversão e seus efeitos transformadores.

Em 1983 foram publicados os *Cadernos para uma moral*, reunindo o texto do manuscrito incompleto de dois cadernos em que Sartre desenvolveu as *Notas para uma moral*, como ele mesmo as intitulou, juntamente com dois anexos sobre "Bem e subjetividade" e "A opressão dos negros nos Estados Unidos". Quando esse livro veio a público, tratava-se de uma das primeiras publicações póstumas de Sartre e, ainda hoje, encontra-se entre as de maior extensão. Mais recentemente, foram publicadas *Moral e história* (2005) e *As raízes da ética* (2015), as famosas conferências dos anos 1960 que haviam permanecido, até então, inéditas. Sabendo que Sartre abandonou a redação de sua *Moral*, mas retomou a perspectiva de uma ética praticamente duas décadas depois, com novos horizontes e nuances, como podemos interpretar a abordagem que ele realiza nos *Cadernos para uma moral*? Quando tratamos do tema da ética, seguindo rigorosa e coerentemente o percurso do pensamento sartriano, qual é o valor argumentativo a ser atribuído às *Notas para uma moral*? Devemos rechaçar por completo a questão da autenticidade, tal como ela foi enunciada na ontologia fenomenológica, diante da *virada dialética* materializada em *Questões de método*? Pretendo oferecer algumas pistas hermenêuticas para responder a essas interrogações, deixando-as tensionar o problema da autenticidade na ética sartriana.

A decisão interpretativa sobre essas questões pode fazer variar substancialmente a posição que assumimos frente à obra sartriana e frente à possibilidade de atualizar o debate em torno dela. É inegável que o abandono da redação da *moral ontológica* por Sartre está relacionado a um profundo impasse em sua obra, situado na passagem de uma ontologia fenomenológica a uma dialética crítica. Quem primeiro sinalizou esse aspecto, na intrincada recepção ao pensamento sartriano no Brasil durante os anos de chumbo, foi Gerd Bornheim, um de nossos maiores filósofos. No seu livro *Sartre*, encontramos a afirmação contundente: "Se a ética não foi escrita é porque, possivelmente, não pudesse sê-lo" (2000: 124). Bornheim reconhece que outros escritos de Sartre dão algumas indicações sobre a ética, as quais permitiriam vislumbrar diretivas básicas da "problemática moral". Porém, o pensamento sartriano emaranhou-se num impasse: a crise da metafísica se instala no âmago da ética e o existencialismo sartriano resta suspenso nessa crise. Sartre recusa a moral tradicional através do programa de transformação do ser humano, mas não lhe restaria outra alternativa senão traçar "os caminhos concretos que a possibilitam" (Bornheim, 2000: 129). Embora essa hipótese seja afirmada no âmbito do impasse estritamente metafísico da filosofia sartriana, Bornheim tinha plena consciência de que o abandono do projeto de uma moral estava diretamente relacionado com a orientação marxista e certas condições concretas do engajamento político de Sartre. Em certo sentido, temos de dar razão a Bornheim. Se esperamos de Sartre uma ética das virtudes (do Bem), uma ética deontológica (dos deveres) ou uma ética axiológica (dos valores), haveremos de nos decepcionar, pois não a encontraremos. O que, entretanto, não deve significar que a ética de Sartre seria estritamente *negativa*, como uma recusa da moralidade vigente. É preciso ousar questionar a perspectiva de Bornheim quando ele afirma: "tudo se passa como se o nosso tempo só permitisse a elaboração de uma moral negativa, de denúncias das imposturas da época" (2000: 128). Ora, se algo é denunciado – a má-fé e a hipocrisia reinantes na circularidade das relações infernais de nosso mundo –, com que *critério* se faz a denúncia? Se não for possível escapar radicalmente à má-fé, ou seja, se estivermos todos determinados a seguir no abismo das contradições formadas por nossas reflexões cúmplices, enquanto produzimos e sofremos a alienação e a opressão, o que restaria a uma filosofia da liberdade? Nossa perspectiva é que podemos encontrar uma dimensão *positiva*, afirmativa, na moral ontológica sartriana. A questão passa a ser onde a encontramos.

Além da perspectiva de Bornheim, cuja obra formou gerações no Brasil, há uma outra via para se pensar uma ética em Sartre, que apresenta importantes interfaces entre a reflexão filosófica e a experiência ficcional. Essa via foi proposta no livro *Ética e a literatura e Sartre*, de Franklin Leopoldo e Silva (2004). As suas análises oferecem uma original contribuição sobre a narratividade de si, a interrogação, a reconfiguração da intersubjetividade, o desencanto e o compromisso, que se tornaram um verdadeiro marco nos estudos interdisciplinares da obra sartriana. A grande contribuição de Franklin Leopoldo e Silva foi ter mostrado, brilhantemente, como os enredos, os personagens, as situações retiradas dos escritos literários são parte importante de uma reflexão sobre a ética, a qual se amplia significativamente quando temos em mente um filósofo como Sartre. Porém, o empenho de Leopoldo e Silva permanece, neste livro, delimitado pela ontologia fenomenológica. Não encontramos nesta contribuição nenhuma apreciação sobre os *Cadernos para uma moral*. Recaímos, assim, no impasse filosófico de Sartre e retornamos à necessidade de se colocar a questão acerca do abandono do projeto de uma moral ontológica.

Devemos buscar na obra sartriana alternativas para pensar a ética, ou deveríamos restar com as descrições sobre o projeto, a decisão, o ser do valor, os móbeis e motivos, entre outros temas desenvolvidos no *Ser e o nada*? Com certa reverberação da hipótese de Bornheim, encontramos, no livro *O drama da ambiguidade* de Marcelo Norberto (2017), um posicionamento metodológico relevante, segundo o qual a ontologia fenomenológica parece oferecer, *ela mesma*, as respostas de que necessitamos. Retornar à radicalidade do *Ser e o nada* seria uma forma de respeitar a própria decisão de Sartre, que efetivamente abandonou as suas *Notas para uma moral*. Entretanto, na perspectiva de Marcelo Norberto, diferentemente de Bornheim, a busca por uma "genealogia da ação" e pelo "sentido da ação" humana é realizada, por um critério metodológico, nos limites estritos de *O ser e o nada*, abstendo-se de fazer emergir a dialética da práxis proposta por Sartre, que visava a uma crítica do materialismo histórico dogmático. Em linhas gerais, acompanhamos as suas contribuições, mas seguimos empenhados em nossa interrogação sobre o lugar e a permanência do problema da autenticidade na obra de Sartre, mesmo depois de sua *virada dialética*.

Permito-me, ainda, fazer alusão a duas outras importantes abordagens que contribuíram para esse debate. No livro de Luciano Donizetti da Silva, *Ética e liberdade em Sartre* (2018), a ética sartriana é apresentada como um processo de *libertação* em diversos níveis, diversas dimensões: a libertação é metafísica, artística e social. Ou seja, o autor procura dialogar com outros textos e questões da obra sartriana a fim de desdobrar os múltiplos aspectos da ética da liberdade. Ao final, ele encontra na noção de *porvir puro* a abertura que torna possível a invariável dimensão de incondicionalidade e que orienta uma "ética jamais conclusiva". Nesse sentido, a revolução nunca está pronta, está sempre para se fazer e é permanente (Silva, 2018: 273-285). A decisiva noção de porvir puro foi desenvolvida por Sartre após a virada dialética, especialmente nas conferências dos anos 1960. Os textos dessas conferências constituem uma retomada ou fazem eco ao problema da autenticidade no paradigma da dialética crítica? Esse é um ponto importante do nosso debate, sobre o qual voltaremos mais adiante.

No livro de Silvio Luiz de Almeida, *Sartre: direito e política* (2016), há um capítulo dedicado à ética que sugere uma importante interpretação da autenticidade. Para ele, em uma perspectiva que se avizinha à que encontramos em Luciano da Silva, nossos atos morais são aqueles que buscam mais do que a liberdade, buscam a *libertação*. Ocorre que esse processo concreto de realização da liberdade não é possível sem a liberdade dos outros, de tal modo que, para o autor, "a autenticidade da existência, compreendida como reconhecimento do compromisso da ação, manifesta-se como ato moral" (Almeida, 2016: 58). É a autenticidade que permite fazer juízos morais concretos, enquanto produto de uma síntese entre o universal e o histórico, no mesmo nível onde se produz a ambiguidade moral. Silvio de Almeida reconhece na autenticidade uma atitude reflexiva e compreensiva, que produz uma transformação em um nível subjetivo e intersubjetivo (2016: 59). Precisamente, é esta atitude e esta transformação que Sartre almejava descrever em sua moral ontológica: nas últimas linhas de *O ser e o nada*, ele enuncia que a ontologia deixa entrever o que será uma ética que toma a responsabilidade face à situação (Sartre, 1943: 673-676).

Paralelamente ao projeto sartriano, em 1947, quando Sartre ainda redigia a sua moral ontológica, dois pensadores próximos a ele, Simone de Beauvoir e Francis Jeanson, foram os primeiros a propor, cada um a seu modo e com seu estilo, uma reflexão sobre o que ambos chamaram de *moral da ambiguidade*. No livro *Por uma moral da ambiguidade*, Simone de Beauvoir (1947) apresenta algumas pistas para pensar a autenticidade, como uma espécie de "querer a liberdade", que se identifica com o desvelamento do ser (1947: 99). A filósofa apresenta uma interessante, embora breve, variação do *espírito de seriedade*, em diferentes figurações possíveis, como o *niilista*, o *demoníaco*, o *aventureiro* e o *homem apaixonado* (p. 47-92). Por sua vez, Francis Jeanson oferece "perspectivas morais" ao pensamento de Sartre, que vão na direção da "escolha da liberdade". Ora, se a própria liberdade for afirmada como objeto de nossa escolha, então ocorre uma espécie de assunção da ambiguidade (1965: 265-289). Ademais, este livro recebeu a aprovação e o elogio de Sartre em sua carta-prefácio (1965: 11-12). Tanto as descrições realizadas por Simone de Beauvoir quanto as análises de Francis Jeanson são passos importantes para a organização e a classificação das modalidades da má-fé (Castro, 2016: 202-215). Ambos os textos procuravam oferecer, em seu tempo, uma resposta à prometida moral sartriana.

Quando, em 1955, André Gorz leva até Sartre um manuscrito sobre a moral, este já dava sinais de que considerava tal perspectiva um "erro ultrapassado" (1977: 17). O livro *Fundamentos para uma moral* acabou por ser publicado em 1977, quando Gorz já havia realizado um importante percurso intelectual e literário, estimulado por Sartre. Inspirado na ontologia fenomenológica de Sartre, o ensaio de Gorz propõe uma investigação original sobre a relação entre a conversão e a axiologia. Em sua interface com a temporalidade, podemos reunir em três grupos as atitudes axiológicas fundamentais – a atitude vital, a atitude estética e a atitude moral –, descrevendo as múltiplas possibilidades de variação das figuras a elas inerentes. Em seu fundo, a axiologia de Gorz permanece sartriana: seus conceitos essenciais são a reflexão pura e a conversão. Esse livro parece-nos não apenas o mais extenso, como também a contribuição mais original entre aquelas que procuraram suprir a lacuna deixada por Sartre. Sem dúvida, encontra-se entre as principais contribuições sistemáticas para a descrição da conversão e das formas de alienação (Castro, 2016: 224-226). O que teria sido a palavra de Sartre sobre a moral ontológica, de forma incompleta, somente tornou-se conhecida em 1983, com a publicação dos *Cadernos para uma moral*.

O ser e o nada anuncia a possibilidade de um processo radical de conversão, através do qual a liberdade situada passa a escolher-se a si mesma como valor, reivindicando para si a sua responsabilidade a título de um existente pelo qual o mundo vem a ser (Sartre, 1943: 676). Na ontologia fenomenológica sartriana, encontramos um esboço do que seria essa conversão, através da descrição da consciência reflexiva "não cúmplice" de seus objetos psíquicos, ou seja, da ilusão de subsistência prévia de um eu através das emoções, das qualidades, dos estados e das ações. Essa consciência, dada como simples presença reflexiva a si, tal como um resgate do próprio fluxo constitutivo da ipseidade, seria alcançada por uma espécie de *catarse* (1943: 190). A conversão é, portanto, um processo vivencial reflexivo, através do qual a consciência assume, na angústia, o fluxo mesmo de sua situação no mundo.

Um resultado esperado desse processo é a ruptura dos círculos relacionais sadomasoquistas, nos quais impera a tentativa de absorção da liberdade alheia como objeto manipulável ou de petrificação da própria liberdade sob o império do *olhar alheio*. O círculo sadomasoquista que objetifica o conflito das relações é impulsionado pela má-fé das respectivas consciências que encontram, nas circunstâncias de sua situação, o reforço e a justificação de seu autoengano pelo olhar, pela fala, pelo juízo, pela conduta dos outros. No entanto, Sartre afirma, pelo menos duas vezes, no *Ser e o nada*, que a possibilidade de desarticular os círculos sadomasoquistas de vivência dos conflitos de liberdades necessita de um outro campo filosófico de abordagem. A ontologia fenomenológica não seria propriamente o lugar da descrição da autenticidade enquanto possibilidade de "escapar radicalmente da má-fé" (1943: 103). Em outras palavras, a ruptura das relações circulares pautadas por atitudes objetificantes teria o potencial de conduzir a uma moral da libertação, cuja descrição não encontra espaço no *Ser e o nada* (1943: 453).

Esse seria o papel projetado para os *Cadernos para uma moral*. No *Primeiro caderno* (1983: 9-426) Sartre apresenta longas elaborações sobre a dialética e a História, que o levam a descrever a inautenticidade em termos inter-relacionais, em sua articulação com as formas de *opressão*. A passagem de uma ontologia fenomenológica que descreve a má-fé (o autoengano) a uma moral que aponta para a conversão à autenticidade termina por fazer avançar uma investigação sobre o campo dos efeitos sociais de opressão em certos modos de relação, como a prece, a exigência, o chamado, o fracasso, a ignorância, entre outros. Quais são propriamente as estreitas ligações entre as formas opressivas decorrentes desses modos de relação e a alienação ontológica da liberdade, eis a interrogação proposta pelo filósofo. Não se trata, para Sartre, da opressão econômica e social, mas das *condições ontológicas da opressão*, caracterizadas por uma cumplicidade entre opressor e oprimido (1983: 338). Sartre estava a meio caminho da concepção de uma alienação no sentido material, advinda da dialética da práxis, desenvolvida na *Crítica da razão dialética*. No entanto, há um aspecto fundamental da alienação, no âmbito da dialética crítica, que já parece ser aqui antecipado. A opressão não é atômica e isolada, mas um fenômeno condicionado ontologicamente, cujo sentido material remete ao processo histórico que o instaurou.

O *Segundo caderno* (Sartre, 1983: 427-570) apresenta, depois de algum desenvolvimento, o plano daquilo que Sartre esboçou como uma "moral ontológica". Esse plano, com efeito, oferece uma relevante contribuição para a explicitação das relações entre a fenomenologia do olhar do *Ser e o nada* e os temas da alienação (em sua dimensão ontológica) e a opressão. Trata-se de uma tentativa de descrever a conversão em seu núcleo vivencial. A conversão consiste em vivenciar reflexivamente uma nova forma de relação da consciência com seu projeto (1983: 490). Este novo modo de relação caracteriza-se como assunção da responsabilidade por um sentido diante da ambiguidade da condição humana. A autenticidade vivenciada nesse processo é fonte de alegria (1983: 507). Essa alegria (*joie*) emerge como transformação significativa da gratuidade do mundo e como desvelamento do ser do fenômeno. Antes de examinar o sentido desta transformação e desvelamento, pela generosidade e criatividade, é preciso compreender o que seria propriamente essa nova forma de relação da consciência com o seu projeto, vivida através da conversão.

É tarefa primordial de uma moral ontológica descrever o que, propriamente, muda através da conversão. A passagem à reflexão pura, afirma Sartre, deve provocar uma transformação da relação com o *corpo*, da relação com o *mundo*, da relação *consigo mesmo*, da relação *com outrem* (Sartre, 1983: 19). Essa ideia é apresentada em um trecho fragmentário dos *Cadernos*, apenas com uma breve anotação explicativa para cada uma dessas dimensões, mas é possível resgatar, ao longo do livro, algumas passagens que retornam a elas e oferecem mais elementos para descrevê-las.

Na transformação da relação com o *corpo*, estão em jogo a aceitação e a reivindicação da contingência, concebidas como uma chance, uma oportunidade. Ou seja, a ação somente emerge e aparece a si quando ela toma a sua chance, quando ela assume os seus riscos (Sartre, 1983: 95). Também podemos entender essa aceitação como um modo de dar-se uma chance para si mesmo, tendência que as crianças têm de forma bastante espontânea (1983: 508). Por aí instala-se a possibilidade do *novo* vir ao mundo (1983: 509). A contrapartida dessa reivindicação da contingência é a aceitação incondicional da finitude. Em uma passagem que se encontra em surpreendente ressonância com o pensamento levinasiano,[1] Sartre sinaliza que a finitude é vivida como *fragilidade*, a ser compreendida em um sentido ontológico, uma vez que o existente é perpetuamente ameaçado pelo Ser (1983: 516-520).

Na relação com o *mundo*, Sartre refere-se ao esclarecimento de nossa tarefa de fazer existir o ser, como verdadeiro sentido do em-si-para-si. Ou seja, trata-se do reconhecimento da gratuidade da consciência, que nos leva ao sentido profundo da generosidade, sob a forma de *fazer existir* para nós aquilo que já é em-si. A reflexão pura coloca como tema explícito de nossa conduta o que era o seu sentido implícito: "a generosidade absoluta e sem limites" (Sartre, 1983: 137). Sartre refere-se ao dom generoso da obra produzida, mas igualmente ao dom de si, que assume, desde si, a sua gratuidade. Não é à toa que a questão do dom e a constante ambiguidade de sua institucionalização (1983: 387-391) se tornam um tema relevante ao longo do *Primeiro caderno*, fazendo eco à antropologia de Marcel Mauss.[2]

Quanto à transformação da *relação consigo mesmo*, Sartre menciona que essa mudança corresponde à subjetividade concebida como ausência do ego, entendido como objeto psíquico já inteiramente constituído (1983: 19). Que tipo de mudança em nossa experiência teríamos ao reconhecer que a nossa ipseidade não depende da presença de um ego objetal (*moi*), como *exis* de nossa *psyché*, sob a forma de reflexão cúmplice, e o que significa precisamente "viver sem Ego" (1983: 430)? Sartre não chega a responder totalmente essa pergunta, mas ao menos oferece uma pista que pode nos servir como uma orientação. Sabemos desde *A transcendência do ego* (Sartre, 2003: 108) que, para Sartre, o "eu" é o objeto da consciência, como polo objetal unificador das múltiplas reflexões sobre si e sem uma unidade imanente das consciências refletidas.[3] Nos *Cadernos para uma moral*, ele apresenta "o ego transcendente como estrutura de alienação" (1983: 430). Na "dialética mágica" do Ego, este assume, sob a forma do Eu (*Je*), uma espécie de supercompensação, cuja origem se confunde com a imagem narcísica pós-desmame, perspectiva muito próxima à que encontramos nos teóricos das relações em psicanálise.[4] A verdadeira subjetividade e a ipseidade da pessoa devem ser buscadas no circuito da consciência e na transcendência (1983: 430). Ou seja, a mudança da relação consigo mesmo confronta a própria consciência com ela mesma, ao mesmo tempo que a confronta com a relação que ela estabelece com os outros. Vejamos em que sentido.

A reflexão pura é necessariamente posterior à reflexão cúmplice. Quando a reflexão pura intervém, é sempre *tarde demais* (Sartre, 1983: 18).[5] O que é possível, nesse sentido, pela reflexão pura é dissipar o *quase objeto* que sou para minha própria reflexão impura, mas jamais o *objeto* que sou para outrem. Precisamente esse aspecto parece compor um efeito importante de se reconhecer a "subjetividade sem ego": abandonar a tentativa de identificação completa do ego com o objeto ao qual jamais teremos acesso: quem somos para os outros. Ou seja, posso iniciar pela conversão uma mudança sobre como experiencio a minha subjetividade e as características que aparentemente davam segurança a uma forma egoica rígida, passando a vivenciar a ipseidade de modo mais fluido e flexível. No entanto, de forma alguma essa mudança representaria algum tipo de controle total sobre o objeto que sou para outrem, sob o modo do para-outro. Sou capaz de modificar pela própria vivência da reflexão pura o modo como experiencio o fluxo de minha ipseidade, mas isso não significa um controle absoluto sobre a objetividade de minha vivência para os outros. Muito pelo contrário, o controle total do objeto que sou para o outro, nós o sabemos, constitui uma tentativa de atitude para com o outro governada pela má-fé.

Assim sendo, a transformação da relação consigo conecta-nos à transformação da relação com o outro. Esse aspecto da conversão parece reunir todos os demais em sua dimensão ética. De que serviria a conversão, se a *reflexão pura* fosse uma *pura reflexão*? Ela se tornaria uma reflexão infecunda, contemplação fechada em si, suscetível às armadilhas da imaginação, ao isolamento atomista e à experiência anódina de si mesmo. A rigor, nunca teria deixado de ser uma reflexão cúmplice. É no mundo, enquanto nos situamos e agimos, que a conversão nos leva a dar o passo em direção à autenticidade. O processo é iniciado na relação de uma consciência reflexiva com o mundo, por algum acontecimento, por uma solicitação das circunstâncias, uma perda, um acidente, em decorrência de psicoterapia, ou tantas outras ocasiões possíveis do "fracasso perpétuo de toda tentativa do para-si de ser" (Sartre, 1983: 486). Porém, não é isoladamente que a transformação se consuma, a conversão se inicia pela reflexão e se estende, como vivência encarnada dessa reflexão, ao modo como existimos no mundo, ensejando um novo modo de relação com os outros. "Não se pode fazer a conversão *só*", afirma Sartre (1983: 16). Do mesmo modo como o sentido concreto da má-fé revela-se na trama de uma consciência (que mente para si mesma) em sua atitude para com as outras, o sentido concreto da conversão se manifesta na relação com os outros. Por isso, na busca por autenticidade, eu decido desvelar o Outro e reconhecê-lo, simultaneamente, como liberdade absoluta e como corpo, em sua finitude, fragilidade e vulnerabilidade (1983: 515-517).

A descrição de todos esses aspectos transformativos, provocados pela conversão, explicita *como* a busca de autenticidade é vivenciada. Resta descrever os efeitos desse processo, a generosidade e a criatividade. Estas dimensões recebem destaque, respectivamente, nas análises de Juliette Simont (1998) e Yvan Salzmann (2000). Generosidade significa, no contexto da moral ontológica, uma espécie de consentimento de toda livre iniciativa em se tornar em-si. Assim sendo, distingue-se de um estoicismo e da resignação, pois ela é generosidade *engajada*, como uma lucidez de combate (Simont, 1998: 210). Dessa maneira, ela volta-se, como atitude, para o mundo e, neste, em especial, para a liberdade dos outros, dando o primeiro passo para o rompimento das circularidades de má-fé. A conversão coloca-nos em face de nossa própria responsabilidade diante do mundo e viabiliza, pela via reflexiva, uma abertura para essa atitude que podemos descrever como generosidade.

Todavia, não se trata aqui de mera reflexão, ou contemplação, pois o ser humano em busca de autenticidade tematiza e coloca em questão a sua própria ação no mundo. Nesse sentido, a autenticidade é radicalmente diferente de uma sinceridade *irrealizável*. Ela não porta sobre uma espécie de natureza humana idealmente desejável, mas sobre os atos criadores de cada um: "O ser humano existe, assim, antes de tudo, como ato criador" (Salzmann, 2000: 120-121). Como sinaliza Yvan Salzmann, "toda criação real é uma troca, pois este a quem a obra é destinada também faz a obra enquanto a recebe, que ele a interprete, que ele dialogue com ela. Então, a verdadeira relação com outrem não é jamais direta: ela se faz por intermédio da obra" (2000: 123). Não é por outra razão que Yvan Salzmann denomina a ética de Sartre, marcada pelo tema da autenticidade, como ética da "benevolência recíproca".

É necessário, no entanto, apresentar alguns esclarecimentos sobre a generosidade e a criatividade, no modo como elas são reportadas à conversão. Trata-se de dimensões existencialmente experimentadas. Não são valores absolutos ou um fim em si mesmo. Nem toda generosidade e criatividade coincidem com o processo reflexivo de conversão, com uma transformação da relação da consciência com seu projeto. Portanto, é de uma forma específica de generosidade e de criatividade que estamos falando, *provocada pela reflexão pura*. A vivência do processo de conversão, como busca de autenticidade, conecta-se com a generosidade e a criatividade, impulsionadas pela experiência da própria transformação das relações com o mundo pela reflexão pura, ou não cúmplice. É evidente que não se trata da "generosidade" formada pela reflexão impura, que buscaria, sutilmente, a apropriação do projeto alheio e não uma relação de solidariedade. "A conversão consiste em renunciar à categoria de apropriação, que só pode reger as relações do para-si com as coisas, para introduzir na relação interna da pessoa a relação de solidariedade, que será mais tarde modificada em solidariedade com os outros" (Sartre, 1983: 495-496). Ora, a apropriação, sob a forma das relações intersubjetivas, reflete, na reflexão cúmplice, aquilo que Carlos Moura (2017: 190) chamou de "mineralização" de si e de outrem. É sob a forma da conversão que a própria generosidade pode ser entendida como a "estrutura original da existência autêntica" (Sartre, 1983: 503).

O mesmo ocorre com a criatividade. Considerando que "toda ação é criação" (1983: 129), não poderia a liberdade, em sua ação, cair nas armadilhas da própria imaginação e de seu potencial irrealizante? De início, a criação é a busca vã do em-si-para-si. É por reflexão não cúmplice que ela se desvela enquanto criação propriamente dita (1983: 156). Somente quando entendemos a criatividade como a assunção da invenção e da produção de sentido através de uma obra, torna-se possível tomar a imaginação como o potencial da criação e não um fim em si, o qual levaria o artista ao risco de um fechamento de horizontes na irrealidade imaginária. Tanto as armadilhas da imaginação quanto o seu potencial criativo integram uma dimensão fenomenológica da própria consciência criadora. A criação no sentido autêntico do engajamento do artista "não é simples consequência da negatividade" (Sartre, 1983: 156), ela se torna criação em relação à própria nadificação. O ser humano só pode criar porque, ao mesmo tempo, ele *se cria* como criador da obra. É esse o aspecto que emerge na reflexão pura e que liga a criação à generosidade.

Esses são alguns elementos para uma moral *ontológica* baseada na potencialidade transformadora da reflexão pura, de uma transformação de nossa relação com o mundo, com nosso corpo, com nossa ipseidade e com o outro. Uma moral que não se determina por um conteúdo ou uma fórmula prévia, um princípio normativo, uma virtude, um dever, mas que se instaura por sobre o chão ontológico da condição existencial do ser humano, como um aceno à possibilidade da transformação e do engajamento, pela criatividade e pela generosidade. Entretanto, será mesmo que essas reflexões alcançam o nível de radicalidade com a qual Sartre costuma nos confrontar? A generosidade e o amor dos quais tratam os *Cadernos para uma moral* reverberam uma perspectiva da qual ele mesmo não se convencia mais, como explica Juliette Simont, porque ele passou a entender que a concepção de conversão desenvolvida naquelas *Notas* cobra o preço de uma mistificação inerente à atitude artística (Simont, 1998: 213). Uma ética pensada a partir de um paradigma estético, baseada na criação da obra e na generosidade do escritor, talvez não fosse suficiente para o que Sartre procurava. A esse problema, soma-se a questão que emerge nos *Cadernos* sobre o que deveria ser uma conversão efetivamente radical.

Em certa passagem, logo no início do *Primeiro caderno*, lemos o seguinte fragmento: "Não se pode fazer a conversão *só*. Dito de outra maneira, a moral só é possível se todo mundo é moral" (Sartre, 1983: 16). Essa passagem, embora fragmentária, sem um desenvolvimento ulterior, aparentemente desligada do seu contexto, dá um certo tom ao conjunto dos *Cadernos para uma moral* e emerge como um traço, como um sinal, sobre como devemos ler esse livro e o que devemos procurar nele. É uma frase perturbadoramente radical, deixando o leitor à procura de uma reposta, como um horizonte do texto. Sartre não se contentaria com uma ética que não fosse *radical*, e a radicalidade da conversão é que ela se volta para a conversão do meu próximo. Ou bem eu experimento a conversão *com os outros*, ou não a experimento de modo algum. A conversão de um sujeito isolado, indiferente, é apenas um reflexo individualista. Jamais a conversão se completaria, no processo de transformação de minhas relações com o outro, se seguíssemos tomando-nos, uns aos outros, unicamente como objetos, em uma lógica sadomasoquista. Entretanto, a conversão *de todos*, da qual dependeria uma moral, como seria isso propriamente, em um mundo atravessado pela má-fé e pela violência da opressão? Para que a conversão se realize em todas as dimensões, é preciso que a *reciprocidade* seja, de algum modo, conquistada em um projeto de reconhecimento mútuo, que não seja tragado pelas inúmeras armadilhas sociais e institucionais. Em nosso tempo, seria isso possível? Sartre não o diz em seus *Cadernos*.

Em lugar disso, todavia, logo depois, ele passou a ocupar-se com o *Saint Genet* (1952). É neste livro que encontramos a via de uma renovada aplicação da psicanálise existencial, que percorre a conversão de Jean Genet, desde o projeto de ser o Mal, que os outros disseram que ele era, ao projeto de se tornar um escritor. Conversão, neste livro, é um movimento incompleto. Se é verdade que ela não traz nenhuma segurança ou redenção definitiva a Genet, ao menos ela viabiliza a transformação do projeto existencial e a resposta que se pode dar a uma sociedade perversa. O livro é uma verdadeira acusação à nossa sociedade comandada por "homens de bem", que expulsam todo mal de si projetando-o sobre o outro. Em uma famosa nota de rodapé (Sartre, 1952: 211-212), Sartre oferece uma espécie de justificação sobre o abandono de seus *Cadernos*: o problema moral é, ao mesmo tempo, "inevitável e impossível".

Como não sentir a urgência de uma moral ao ler o *Saint Genet* e, ao mesmo, o desespero de vê-la como um projeto sempre parcial, inconcluso, impossível? E é este o nosso estado de coisas – ainda hoje. O mundo como o vivemos em nosso tempo é governado pela alienação, pela exploração e opressão, em que os breves suspiros de conversão, de transformação e revolução são logo acossados pelas forças de controle dominantes. Mundo em que os lampejos de solidariedade são logo modificados em objeto de apropriação, com vistas a tornar toda e qualquer esperança transformadora em um sentimento vago e inútil. A *Crítica da razão dialética*, publicada em 1960, reforça e aprofunda o juízo do *Saint Genet*. Novamente em uma longa nota (Sartre, 1960: 301-303), Sartre repete ainda mais vigorosamente o seu posicionamento: "o que faz a ambiguidade de toda moral passada ou atual é que a liberdade como relação humana se descobre ela mesma no mundo da exploração e da opressão". Qualquer moral que pretenda fundamentar hoje um sistema de normas, deveres ou valores nada mais faz do que afirmar, reforçar, retroalimentar as formas de alienação em uma sociedade governada pela escassez. Antes de pensar a moral, portanto, seria preciso fazer emergir o projeto daquilo que há de ser o porvir de nossa sociedade, segundo o marxismo, uma *sociedade de abundância*. Em nossa atual conjuntura histórica, ditada pela luta de classes, o objetivo a ser perseguido é a *revolução*.

Insistimos, porém. Se a redação de uma moral ontológica foi abandonada por Sartre, o tema da conversão não o foi. O *Saint Genet* é a prova disso. E não é a única: nos *Comunistas e a paz*, por exemplo, texto político, escrito no furacão de uma gigantesca polêmica de sua época, Sartre afirma em uma passagem: é por uma "revolução interna", por uma espécie de conversão, que a gente se torna revolucionário, ela é condição para a transformação do operário em revolucionário (Sartre, 1964: 246-247). Ou seja, Sartre ainda parecia validar a conversão, desta vez em um contexto de ressonância com a discussão sobre a consciência de classe, questão fundamental do marxismo. Não apenas o tema da conversão sobreviveu em obras posteriores aos *Cadernos para uma moral*, como inversamente, já na redação de suas notas, Sartre parecia ter plena consciência sobre a necessária postulação do objetivo revolucionário: "A moral *hoje* deve ser socialista revolucionária" (Sartre, 1983: 20). Ademais, essa frase está em direta ressonância com o fato de que não se faz a conversão sozinho. Talvez haja uma saída para uma ética existencial, ainda que a conversão não possa, em nosso tempo, ainda, atingir a sua máxima radicalidade.

Encontramos um reforço a essa hipótese com a publicação dos inéditos das Conferências de Cornell, *Moral e história*, publicada em *Les Temps Modernes* (2005), e a Conferência de Roma, *As raízes da ética*, publicada nas *Études sartriennes* (2015). O que se conhecia da Conferência de

Roma era apenas um conjunto de extratos publicados na revista italiana *Rinascita*, livremente traduzidos para o francês e publicados nos *Escritos de Sartre* (1970), que receberam o nome de *Determinação e liberdade*. Das Conferências de Cornell, não pronunciadas por Sartre, restava o manuscrito não publicado. Ou seja, aquilo que até recentemente parecia um tema de importância relativamente superada, ganhou uma nova oportunidade de tematização. O volume e a profundidade desses textos mostram que Sartre parecia disposto a rever o que poderia vir a ser uma ética, mesmo depois de sua virada dialética. Temas até então não tratados e essenciais para a concepção de uma ética da práxis, como a estrutura incondicional da norma, o porvir puro e o paradoxo ético, foram magistralmente investigados e exemplificados por Sartre nesses escritos, viabilizando o que chamamos de uma "crítica da normatividade alienante" (Castro, 2016: 267-288), na esteira do trabalho de muitos autores que revelaram o potencial dessas conferências e de uma *ética dialética*, entre os quais, por exemplo, Pierre Verstraeten (1972), Juliette Simont (1998), Yvan Salzmann (2000), Cassiano Reimão (2005) e Arno Münster (2007).

É possível encontrar nessas Conferências um retorno de Sartre ao problema ético, cujas análises assumem como pano de fundo o problema do porvir na nervura do paradoxo ético: o universal-normativo é experienciado sob a forma do singular-histórico. Tema prenunciado pela noção de "porvir concreto", no apêndice de *Verdade e existência*, que já recebia o título de "Moral e história" (1989: 137-138), coincidentemente, escrito em 1948, no período do abandono da redação dos *Cadernos para uma moral*.

Voltemos, então, ao ponto que nos interessa: o tema da busca pela autenticidade através de uma conversão radical não foi totalmente abandonado por Sartre. Também na ética dialética há igualmente um lugar para essa questão. Depois de reconhecermos a cruel realidade de nossa sociedade de violência e de opressão, não se trata, por certo, de uma busca por autenticidade de forma inocente e pueril, ou de forma meramente atomista e individualista. A conversão de todos há de permanecer como uma *possibilidade* em nosso horizonte ético, enquanto, no âmbito concreto de nossas ações, em uma sociedade marcada pela exploração, alcancemos, ao menos, dimensões de autenticidade, assumindo, a cada vez, os riscos da situação.

Há um trecho de *Moral e história* que é especialmente significativo para a nossa reflexão, pois ele trata da possibilidade de um aprofundamento das relações sinceras. Desde *O ser e o nada*, sabemos como Sartre avalia o problema da sinceridade. Sem dúvida, o que torna a sinceridade possível é que, em sua queda no passado, o ser da consciência se torna ele mesmo um em-si (Sartre, 1943: 100-101). Ou seja, contamos, relatamos, confessamos algo que nos ocorreu no passado, seja o longínquo, seja o imediato. Podemos tentar expressar com sinceridade um pensamento, uma ideia, um sentimento ou afeto, os quais se tornam um objeto refletido pela consciência reflexiva. No entanto, se formos seduzidos por essa tentativa ao ponto de desejarmos *ser* sinceros na "imanência presente", deslizamos em direção à má-fé pelo simples fato de que *temos de* sê-lo. Uma nova consideração sobre esse problema é realizada em *Moral e história* (Sartre, 2005: 310-312). A sinceridade aparece, em certos conjuntos sociais, como um valor que possui alguma afinidade com a verdade e não necessariamente como um imperativo. Em uma certa forma de ética puritana, por exemplo, a obrigação de dizer a verdade tal como ela *é*, baseada em uma espécie de realismo objetivo, acompanha-se de uma desobrigação: de uma recusa em aprofundá-la. A veracidade resta na superfície e é exclusiva desse modo de conceber a sinceridade. No entanto, à interdição "tu não mentirás" podemos mostrarmo-nos sinceros ou insinceros: há múltiplos modos de dizer a verdade que não estão definidos pela simples obrigação de dizê-la. Nessa direção, Sartre apresenta a possibilidade de tomar a sinceridade ela mesma como um imperativo: "sê sincero contigo", no sentido de que, para desvelar *o que é preciso fazer*, a consciência terá de se aprofundar e, para tanto, terá de se inventar. Um aprofundamento implica aqui uma retematização de si, no mesmo sentido psicanalítico de que somente dizemos claramente as coisas quando nos tornamos capazes de suportá-las por uma transformação progressiva, por mediações criadas e por uma colocação das questões em perspectiva (Sartre, 2005: 311).

Tomando a sinceridade dessa forma, Sartre não ignora que ela se reporta ao imperativo de dizer a verdade como uma espécie de intrusão do prático-inerte nas relações humanas. Porém, o triunfo da sinceridade, voltando ao aspecto da conversão, consiste em que ela visa, em suas múltiplas abordagens, não a descobrir passivamente a verdade, mas a *fazê-la existir*. Há, no esforço de sinceridade, uma *tomada de responsabilidade* pelo próprio esforço de buscá-la. Colocando a relação consigo mesmo como aproximação indefinida, é na própria reciprocidade das relações humanas que ela se faz descoberta de um si mesmo no outro e do outro no si mesmo. Desse modo, uma sinceridade que se constitui como um processo, em relação, é um "escândalo permanente" (Sartre, 2005: 312). O escândalo é que alguém, ao aprofundar-se, simultaneamente em relação, termina por revelar o próximo a ele mesmo. A forma mais profunda da sinceridade prevê esse escândalo, que consiste não em uma duplicação atomística da sinceridade, de uma soma de sinceridades, mas de uma *ultrapassagem mútua* do próprio escândalo, de uma reciprocidade, mutualidade. Sartre qualifica a sinceridade recíproca como um engajamento total e cuidadoso. É preciso sensibilidade e compreensão nesse processo, sob pena de transformar a veridicidade brutal em mentira e insinceridade, pela *incitação* de dizer a verdade, mais do que um *convite* à sinceridade. Sobre esse aspecto, Sartre apresenta o interessante exemplo de Tolstoi, quando este mostra o seu diário íntimo à sua noiva, sem levar em conta os preconceitos e pudores que a educação dava às moças da época. As verdades que ele conta nunca serão sentidas por ela tal como ele as viveu.

Na *Ética de Sartre* (Castro, 2016: 265-266), procurei mostrar como esse esforço de sinceridade, realizado através e na mutualidade das relações, traduz, em certo sentido, o *esforço por autenticidade*. Talvez possamos tomar esse modo de compreender a sinceridade como o caminho por onde a conversão passa, no sentido de que não a fazemos sozinhos – ainda que a conversão radical permaneça apenas em nosso horizonte futuro. O esforço de aprofundamento, que transforma o escândalo da *sinceridade recíproca* em *reciprocidade sincera*, nos indica o caminho por onde o círculo da má-fé é quebrado, não de um só golpe, mas como um processo, que exige cuidado, compreensão, mediações, enfoques, tomadas de posição.

A fim de reforçar essa ideia, é importante mostrar, mais especificamente, como a abordagem da sinceridade realizada por Sartre em *Moral e história* recupera a tematização do amor autêntico, já esboçada nos *Cadernos para uma moral*. Como sinaliza Philippe Cabestan, o amor autêntico, como *tensão*, opõe-se, no contexto dos *Cadernos*, ao amor-*psyché* inautêntico: "Com efeito, o amor autêntico é essencialmente problemático e, longe de se voltar a um fato, objeto do julgamento assertórico, ele está sempre em questão, já que ele depende no seu ser mesmo da decisão de amar" (2005: 620). Ou seja, não se trata de simplesmente neutralizar a dialética sadomasoquista de submissão e desejo, tão bem descrita em *O ser e o nada*, pois uma tentativa desse tipo terminaria por fazer desaparecer, no amor, o sexual como forma de desvelamento do humano. A tensão mantém as duas faces da ambiguidade e as retém em um projeto comum. Não é sem tensão que acontece o amor, enquanto reconhecimento mais profundo e "compreensão recíproca das liberdades" (Sartre, 1983: 430). Sartre reconhece nos *Cadernos* que esta última dimensão falta no *Ser e o nada*, mas adverte que não há uma síntese a ser atingida: "é necessário inventar", tal como ocorre em outras formas de relação, como no desafio e na amizade. Ou seja, parece-nos que a abordagem da sinceridade proposta em *Moral e história* se faz como uma recuperação dessa descrição do amor autêntico dos *Cadernos para uma moral* e em continuidade com ela. Isso se confirma no plano de uma moral ontológica dos *Cadernos*, no qual Sartre faz uma referência à relação com o outro intermediada pela obra e em que, por generosidade e amor, minha liberdade implica "reconhecimento mútuo" (Sartre, 1983: 487).

Guardar as noções de reflexão não cúmplice e de conversão, oriundas da ontologia fenomenológica, mostra-se, portanto, um recurso justificado, se estivermos dispostos a pensar uma ética sartriana. Ainda que uma moral seja hoje impossível e se transforme, invariavelmente, em uma estrutura de opressão, com seu sistema de normas, valores e deveres, isso não nos impede de tomar a conversão radical em nosso horizonte e realizar, através de dimensões concretas, tentativas de transformação de nossas relações, desafiando as formas alienadas de subordinação e institucionalização, na direção da busca do reconhecimento mútuo, ou seja, do escândalo permanente da reciprocidade sincera.

A palavra final, na obra escrita de Sartre, quando se trata das questões ontológicas, parece ser a do *Idiota da família*. Se alguma dúvida ainda havia quanto ao fato de que ele jamais abandonou o seu projeto de escrever uma moral, então ela é totalmente dissipada com essa publicação. Sartre chegou a afirmar em uma famosa entrevista (1976) que a sua moral só poderia vir depois da *Crítica* e que a encontramos no *Idiota da família*. Sem dúvida, a dialética crítica trouxe novos aportes sobre a dialética histórico-material, que a sua ética, nos anos 1960, não poderia ignorar. A recuperação de uma reciprocidade positiva encontra não nas relações duais, mas na figura do *terceiro*, como mediador, a via para a ação comum do grupo. No entanto, o núcleo de uma concepção ontológica da liberdade humana preserva-se na experiência crítica da dialética da práxis, assim como na ideia de uma psicanálise existencial, cuja maior contribuição é, sem dúvida, o *Idiota da família*.

Assinalo, por último, um importante efeito, no núcleo de reflexão sobre a ética, de não se abandonar o tema da autenticidade. István Mészáros destaca, a nosso juízo, de modo acertado, a "íntima inter-relação estrutural e a reciprocidade entre a ontologia e a ética, em sua inseparabilidade da psicanálise existencial" (2012: 147). Assim sendo, não apenas a ontologia é o solo onde se propõe uma psicanálise existencial. Esta última correria o risco de perder todo o seu sentido – como hermenêutica da relação entre vida e obra ou como psicoterapia – sem uma ética,[6] a qual viabiliza a continuidade da descrição das transformações e dos efeitos provocados pela conversão, através de uma reflexão não cúmplice. Se a recusa ao espírito de seriedade, a valorização do projeto, a ressonância, a empatia e a aposta na ação (Cannon, 1993: 57) encontram um sentido na clínica, então a catarse produzida pela reflexão pura e a busca de autenticidade hão de constituir a sua direção.

Notas

1 Embora a filosofia levinasiana não seja tematizada neste ponto, a "ameaça do Ser" sugere uma proximidade com as experiências descritas por Levinas, na perda de individuação diante do "há" (*il y a*), especialmente as experiências da náusea, da fadiga, da insônia. (Cf. Levinas, 2004). Sinalizo, ademais, que o nome de Levinas aparece em uma passagem significativa dos *Cadernos*. "Levinas tem perfeitamente razão de escrever contra Heidegger: 'O que parece escapar a Heidegger... é que antes de ser um sistema de instrumentos, o mundo é um conjunto de nutrientes, a vida do homem no mundo não vai além dos objetos que o preenchem [...]'" (Sartre, 1983: 397).

2 Cf. Mauss, 1950: 145-284. Sartre permanece em diálogo com a sociologia de Marcel Mauss ao longo de sua obra. A antropologia filosófica que Sartre traça no *Esboço para uma teoria das emoções* pode ser lida como uma resposta a Mauss, na medida em que a sociedade não é para Sartre uma evidência: a teoria do social depende, para ele, de uma teoria da intersubjetividade. Tema que é fortemente resgatado por Sartre em sua teoria dos conjuntos práticos. Sobre as críticas de Sartre à antropologia maussiana, ver: Cormann, 2012: 286-302; Cormann, 2018: 640-672.

3 Sobre a importância, as muitas nuances e as complexidades dessa concepção, consultar: Coorebyter, 2000.

4 No livro *Sartre e a psicanálise*, Betty Cannon demonstra a grande proximidade que podemos encontrar entre a ontologia fenomenológica e os teóricos relacionais em psicanálise, como Fairbairn, Winnicott e Balint (1993: 129-171).

5 Nesse ponto, os *Cadernos para uma moral* aproximam-se da resposta de Sartre a Hyppolite, em um interessante debate que se seguiu à conferência *Consciência de si e conhecimento de si*, realizada por Sartre no

mesmo período, em 1948. Hyppolite formula uma questão sobre a possibilidade de se considerar a reflexão como um progresso suscitado pela consciência não tética de si. Em resposta, Sartre afirma que "a consciência reflexiva é um esforço de saída e, ao mesmo tempo, de abraçar a consciência por ela mesma", de maneira que ela é, na origem, não cúmplice. "É possível passar da consciência imediata à reflexão pura? Não sei nada sobre isso. Talvez se possa fazê-lo depois do exercício da reflexão pura, mas eu não poderia dizer que, *a priori*, um ser que vive no imediato puro é capaz de reflexão pura" (Sartre, 1948: 90).

6 A relação entre a ética e a psicanálise existencial é um tema que demanda uma investigação específica. No campo da psicologia e da antipsiquiatria, constituiu-se uma tradição de diálogo com a obra sartriana, paralelamente ao humanismo, à psicopatologia fenomenológica e à psicologia existencial, através dos clássicos estudos de Rolon May, Hazel Barnes, Ronald Laing e David Cooper. Nessa esteira, o livro de Betty Cannon (1993), *Sartre e a psicanálise existencial*, publicado nos EUA, convocou a uma notável crítica da psicanálise freudiana e lacaniana através do pensamento sartriano. A influência de Sartre em uma tradição fenomenológica é sensível e crescente, em especial, no Brasil. Citamos, apenas a título ilustrativo, alguns estudos, como os de Daniela Schneider (2011), Fernando Castro (2012), Georges Boris (2017), Sylvia Freitas (2018), Fabio Castro (2019), Carolina Dhein (2020), Marivania Bocca (2021), entre outros, que mostram um sólido debate em torno de uma perspectiva psicológica fenomenológico-existencial de matriz sartriana, com diferentes tipos de contribuição.

Referências

ALMEIDA, S. L. de. *Sartre: direito e política – Ontologia, liberdade e revolução*. São Paulo: Boitempo, 2016.

BEAUVOIR, S. de. *Pour une morale de l'ambiguïté*. Paris: Gallimard, 1947.

BOCCA, M. C. *Psicanálise existencial e o método progressivo-regressivo. Experiência psicopatológica em Jean-Paul Sartre*. Curitiba: Appris, 2021.

BORNHEIM, G. *Sartre*. 3ª ed. São Paulo: Perspectiva, 2000.

CABESTAN, P. "Authenticité et mauvaise foi: Que signifie ne pas être soi-même ?". *Les Temps Modernes*, n. 632-633-634, volume especial "*Notre Sartre*", 2005, p. 604-625.

CANNON, B. *Sartre et la psychanalyse*. Tradução de Laurent Bury. Paris: PUF, 1993.

CASTRO, F. C. L. de. *A ética de Sartre*. São Paulo: Edições Loyola, 2016.

______. "La névrose comme réponse d'urgence et rapport à l'avenir dans L'Idiot de la Famille". *Psychopatologie phénoménologique*. Vol. 1. Paris: Cercle herméneutique, 2019, p. 125-142.

CASTRO, F. G. de. *Fracasso do projeto de ser: burnout, existência e paradoxos do trabalho*. Rio de Janeiro: Garamond, 2012.

______; SCHNEIDER, D.; BORIS, G. D. J. (Orgs.). *J-P. Sartre e os desafios à psicologia contemporânea*. Rio de Janeiro: Via Verita, 2017.

COOREBYTER, V. de. *Sartre face à la phénoménologie. Autour de 'L'intentionnnalité' et de 'La transcendance de l'Ego'*. Bruxelas: Ousia, 2000.

CORMANN, G. "Émotion et réalité chez Sartre. Remarques à propos d'une anthropologie philosophique originale". *Bulletin d'analyse phénoménologique*, vol. 8, n. 1, 2012, p. 286-302.

______. "'Madame Beauvoir, c'est moi'. Une archéologie féministe de la pensée française contemporaine (Sartre, Lévi-Strauss, Bourdieu)". *Revista Veritas*, vol. 63, n. 2, 2018, p. 640-672.

DHEIN, C. F. de A. *A clínica psicológica em diálogo com Sartre. Para além da má-fé, autenticidade e normatividade*. Rio de Janeiro: IFEN, 2020.

FREITAS, S. M. P. de. *Psicologia existencialista de grupos e da mediação grupal: contribuições do pensamento de Sartre*. Curitiba: Appris, 2018.

GORZ, A. *Fondements pour une morale*. Paris: Galilée, 1977.

JEANSON, F. *Le problème moral et la pensée de Sartre*. Préface de Jean-Paul Sartre. Paris: Seuil, 1965.

LEOPOLDO E SILVA, F. *Ética e literatura em Sartre – Ensaios introdutórios*. São Paulo: Unesp, 2004.

LEVINAS, E. *De l'existence à l'existant*. Paris: J. Vrin, 2004.

MAUSS, M. "Essai sur le don. Forme et raison de l'échange dans les sociétés archaïques". *Sociologie et Anthropologie*. Paris: PUF, 1950, p . 145-284.

MÉSZAROS, I. *A obra de Sartre: busca da liberdade e desafio da história*. Tradução de Rogério Bettoni. São Paulo: Boitempo, 2012.

MOURA, C. E. de. *Psicanálise existencial, existencialismo e história: a dimensão sócio-material e a autenticidade no processo da construção de si*. Curitiba: CRV, 2017.

MÜNSTER, A. *Sartre et la morale*. Paris: Harmattan, 2007.

NORBERTO, M. S. *O drama da ambiguidade: a questão da moral em O ser e o nada*. São Paulo: Edições Loyola, 2017.

REIMÃO, C. *Consciência, dialéctica e ética em J.-P Sartre*. Lisboa: Imprensa Nacional – Casa da Moeda, 2005.

SALZMANN, Y. *Sartre et l'authenticité – Vers une éthique de la bienvieillance réciproque*. Genebra: Labor et Fides, 2000.

SARTRE, J.-P. *L'Être et le Néant – Essai d'ontologie phénoménologique*. Paris: Gallimard, 1943.

______. "Conscience de soi et connaissance de soi". *Bulletin de la Société Française de Philosophie*, tomo XLII, 1948, p. 52-91.

______. *Saint Genet – comédien et martyr*. Paris: Gallimard, 1952.

______. *Critique de la Raison dialectique*. Tomo I – *Théorie des ensembles pratiques*. Paris: Gallimard, 1960.

______. "Les comunistes et la paix". *Situations VI – Problèmes du marxisme, I*. Paris: Gallimard, 1964, p. 80-384.

______. *Situations VI – Problèmes du marxisme, I*. Paris: Gallimard, 1964, p. 80-384.

______. "Détermination et Liberté". *Écrits de Sartre*. Paris: Gallimard, 1970, p. 735-745.

______. *Entrevista no filme "Sartre par lui-même"*. Direção: Alexandre Astruc e Michel Contat. França: B&W, 1976.

______. *Cahiers pour une Morale*. Paris: Gallimard, 1983.

______. *Vérité et Existence*. Paris: Gallimard, 1989.

______. *La transcendance de l'Ego et autres textes phénoménologiques*. Textos introduzidos e anotados por Vincent de Coorebyter. Paris: Vrin, 2003.

______. "Morale et Histoire". *Les Temps Modernes*, n. 632-633-634, volume especial "*Notre Sartre*", texto estabelecido por Juliette Simont e Grégory Cormann, 2005, p. 268-414.

______. "Les racines de l'éthique". *Études sartriennes*, n. 19, texto editado por Jean Bourgault e Grégory Cormann, 2015, p. 11-118.

SILVA, L. D. da. *Ética e liberdade em Sartre: da negação da infância ao homem infantilizado*. Curitiba: Appris, 2018.

SIMONT, J. *Jean-Paul Sartre – Un demi-siècle de liberté*. Bruxelas: De Boeck, 1998.

VERSTRAETEN, P. *Violence et éthique – Esquisse d'une critique de la morale dialectique à partir du théâtre politique de Sartre*. Paris: Gallimard, 1972.

O silêncio de Flaubert: por uma ética do reconhecimento de espaços

Marcelo S. Norberto

Para Paulo Cesar Duque-Estrada

Ora, de fato, tem-se vontade de respirar. Ou de suspirar: depois da expiração mesma, pois vai nisso o espírito. Ora, o que parece quase impossível é sempre falar do espectro, falar ao espectro, falar com ele, logo, e principalmente, fazer ou deixar falar um espírito.
Jacques Derrida

A felicidade é uma ideia nova na Europa.
Saint-Just

Em *A genealogia da moral* (1887), Nietzsche inicia sua obra com uma afirmação que tem um caráter duplo; de um lado, um diagnóstico desconcertante, do outro, uma profecia infernal: "Nós, homens do conhecimento, não nos conhecemos; de nós mesmos somos desconhecidos – e não sem motivo" (Nietzsche, 1998: 7). Do ser que conforma toda a realidade à sua imagem e semelhança, o homem, em sua vasta produção de saber, é incapaz de responder a mais simplória das perguntas: quem sou?

Nietzsche encarna na filosofia o papel da criança do conto de Hans Christian Andersen e denuncia, a plenos pulmões, a nudez obscena de nossa cultura ocidental. Da ignorância criadora de Sócrates – "só sei que nada sei" – ao fundamento ilusório de Descartes – "e que me engane o quanto quiser, jamais poderá fazer com que eu não seja nada" –, passando pelo problema crítico fundamental de Kant – "o que posso saber?" –, Nietzsche vê uma *fábula* que enfeitiçou o Ocidente (Nietzsche, 2017: 25). Em nome de um universal inexistente – o homem metafísico –, ignoram-se constantemente o animal interessante, o ser vivido. No afã de se apropriar da verdade, exigência impressa na fundação do pensamento ocidental – lembremos da primeira frase da *Metafísica*: "Todos os homens, por natureza, tendem ao saber" (Aristóteles, 2005: 3) –, a filosofia perde a efetividade das vivências que pretende compreender e lança-se em uma abstração sem fim, restando unicamente no horizonte de suas investigações os reflexos dos pressupostos empreendidos, e não a vida nem o humano.

Do trabalho do conceito de Hegel às investigações empíricas de Hume, a filosofia do sujeito jamais conseguiu apreender seu suposto objeto de estudo. Ao contrário, criou-se um jogo de espelhamento do conhecimento ao conhecimento, desprezando, por séculos, a existência. Da pergunta "O que é o homem?", a tradição desvia recorrentemente o problema para o campo epistemológico: são as categorias do entendimento, o mundo das ideias, o espírito absoluto, as representações da consciência. Mas, do homem e de suas vivências, nada diz. Para Nietzsche, nossa história não é reflexo do percurso humano, que desconhecemos em quase sua integralidade, mas do conhecimento, ou menos ainda, das "colmeias do nosso conhecimento" (Nietzsche, 1998: 7).

Apresentado seu diagnóstico ("nós, homens do conhecimento, não nos conhecemos"), Nietzsche aprofunda a questão ao oferecer um prognóstico. Não se trata apenas de uma descrição de nosso passado, mas de um indicativo do murmúrio que continua a ser entoado em nossa cultura. Um murmúrio que silencia a vida e desloca o humano para fora de seu eixo. Kremer-Marietti (2006: 93) designará tal processo de um estado que nos faz "excêntrico de nós mesmos". Enfim, em termos descritivos, não se trata de um ato passado, mas de um crime continuado.

O pensamento filosófico estende-se sobre o conhecimento, tomando o sujeito como eixo central. Toma-se o homem como definível e familiar, para então lançar sobre o mundo uma rede de interpretações. Graças ao homem, há conhecimento; assim a cultura ocidental constituiu sua gênese. Contudo, esta mesma cultura, que inflaciona o humano, opera também no sentido de produzir um insulamento do mesmo. O fato é que a univocidade do pensamento em torno do homem concorreu para o seu próprio esquecimento. Fala-se em nome do homem, escreve-se sobre o homem, produz-se saberes sobre o homem, mas *do* homem, *sobre* o homem, *pelo* homem, nada nos é tido por nossa cultura. A peripécia transforma-se em privação.[1]

Não por outra razão, as mais elevadas culturas foram capazes, sob os desígnios do humanismo, de implementarem a opressão sobre o homem. Este descompasso latente entre um pensamento pretensamente humanista e o inesperado desconhecimento do humano pode ser reconhecido na clássica afirmação kantiana, que tenta elidir sua contradição através de uma suposta astúcia da razão, ao constatar que, se o homem soubesse o custo de uma revolução, a despeito de seus valores inspiradores, jamais faria uma (Kant, 2017: 95). Esta é a gravidade da denúncia sobre a sua contemporaneidade que Nietzsche expõe em seu prognóstico, em seu "e não sem motivo".

Há uma maquinaria no pensamento ocidental que, apesar de não cessar de falar do sujeito, interdita a urgente reflexão e a descrição do homem, de um dobrar-se sobre si. Neste império do conhecimento que se faz presente, parece não haver espaço para o humano, ironicamente também artífice do próprio conhecimento. É o que Nietzsche aponta ao dizer que "*temos* que nos mal-entender" (Nietzsche, 1998: 7) na cultura do conhecimento. Se o fim e o meio da sociedade são o conhecimento, na produção de seus saberes e na constituição de seus poderes, não há espaço, não para o sujeito, que são referido *ad infinitum* pela cultura, do individualismo ao empreendedorismo; mas para uma reflexão sobre o sujeito, para uma descrição de sua constituição e sua inserção na sociedade. E o risco de tal formulação ativa é a tomada do homem, frente às ciências que o estudam, a partir de uma grade teórica que se limite a orbitar entre uma busca por normalidade social e um utilitarismo coletivo, digo econômico.

Refletir sobre a constituição do humano não passa por eleger o sujeito como alicerce fundamental da cultura. Tampouco, trata-se de recolocar a questão sob a forma de um simples objeto de estudo, despossuído de uma plêiade de atravessamentos existenciais. O humano não comporta insulamentos ou impessoalidades; refere-se necessariamente a uma exterioridade, a uma disposição vinculativa. Assim, a realidade humana demanda uma abordagem distinta para a sua descrição.

Há que se recusar uma cumplicidade esperada, resistir a uma atitude de intimidade para com o mundo e com os homens. Ao tentar refletir sobre o modo de ser do ser humano, é preciso romper com esta familiaridade que levou a tradição, em nome de uma humanidade, a reduzir a condição humana a uma objetividade. Contudo, não se trata de romper com o mundo, mas com uma passividade que nos é ofertada na forma de uma pragmática essencialista. É preciso instaurar uma renúncia à comunhão. Adotar a postura que Merleau-Ponty definiu, a partir de Eugen Fink, como *admiração diante do mundo* em *Fenomenologia da percepção* (1945): "Não se trata de trazer a incerteza onde havia a certeza, nem o vazio onde havia a plenitude, trata-se de distanciar-se do mundo, para melhor vê-lo e compreendê-lo" (Merleau-Ponty apud Chapsal, 1984: 90).

Uma das marcas distintas de nosso tempo – expressão que pareceria insuportável para Husserl: transitoriedade e gênese em um só corpo conceitual – é a consumação desenfreada de todas as atividades. Seja uma prática profissional, seja uma reflexão intelectual, todos os movimentos humanos tendem à consumação espontânea. E neste vácuo de permanência, uma outra demanda é criada. O tédio atribuído a Charles por Madame Bovary nos é interditado. De nós, contemporâneos, é cobrado o arroubo febril da reação. Somos seres interessantes, com opiniões fervilhantes e análises imediatas, que contrastam com a reiterada incapacidade de demora na observação e na cada vez mais rara habilidade de maravilhamento em torno de uma novidade apresentada. Não lemos mais; escrevemos. Não refletimos; vaticinamos.

E, apesar disso, somos assolados pela percepção da pobreza crescente na figura desconcertante de uma inação. Uma indigência que, por um lado, nos ameaça com a paralisia, mas, por outro, ainda, nos incita a respondê-la: "Sim, sei, vocês não sabem de que estou falando porque a beleza desapareceu há muito tempo. Ela desapareceu sob a superfície do barulho – barulho das palavras, barulho dos carros, barulho da música – no qual vivemos constantemente. Está submersa como a Atlântida. Dela só restou uma palavra cujo sentido é a cada ano menos inteligível" (Kundera, 2008: 125). Será que a clarividência que restou foi a da conversão em uma transparência ofuscante em relação à nossa própria época? Ou este abandono ao menos se prefigura em uma tarefa, em uma demanda de resposta à vida? Este paradoxo, tanto em sua expressão descritiva – atividade intensa e paralisia do agir –, quanto em sua manifestação reflexiva – percepção de uma indigência existencial e convite a dar sentido à vida –, é um dos pilares de nosso tempo.

Sartre, nos idos dos anos 1940, parece nos oferecer uma outra experiência possível de pertencimento, que escapa das malhas metafísicas de uma posse e rechaça concomitantemente a evasão niilista, sem, contudo, negar a forma paradoxal com que a contemporaneidade se apresenta. *O ser e o nada* (1943) marca o esforço de Sartre para levar a fenomenologia ao seu limite. Neste processo, dois pontos já clássicos serão cruciais para Sartre e seu projeto de 1943. Primeiro, a superação husserliana de uma interioridade da consciência. Em seu ensaio sobre a intencionalidade (1939), Sartre combaterá uma tradição francesa, contra o que chamou de "filosofia alimentar" (Sartre, 2005: 55), uma abordagem que limitava a experiência às representações da consciência. Através da intencionalidade – *toda consciência é consciência de alguma coisa* –, o sujeito deixa de ser um mero artífice do conhecimento e passa a ocupar um polo irrevogável em relação ao mundo. É graças a Husserl que Sartre pode falar do homem e esta reflexão ser um pensamento sobre a existência. Trata-se de uma reconciliação com a filosofia francesa de Descartes, através do ingresso da fenomenologia, ratificando, de algum modo, a correspondência apresentada na famosa conferência dada por Husserl em 1929, em Paris.[2] Primeiro movimento em direção ao contemporâneo e o devido reconhecimento da alteridade primordial, que Sartre definirá como "escândalo insuperável" (Sartre, 2012: 567).

A segunda contribuição, em sinergia com a primeira, é o resgate do mundo enquanto parte integrante de uma filosofia tida como rigorosa. Herança da filosofia moderna – pensemos em Hume e sua incerteza sobre a existência do mundo para além das impressões da consciência (Hume, 2001: 245) –, o mundo passou a ter uma dimensão de segunda ordem no pensamento ocidental. A descrença no método da observação para a obtenção da verdade e o recurso à interioridade como fundamento de veridicção fizeram do mundo uma mera instância de verificação da verdade. A vida, em sua incerteza prolífera, não se mostrava mais apta a fornecer uma sustentabilidade científica ao pensamento. Hannah Arendt designa este empobrecimento de "o duplo voo do homem" (Arendt, 2004: 14): para fora do mundo e para dentro de si. Novamente, será em Husserl que Sartre buscará o suporte para o resgate do mundo nas reflexões filosóficas. Através da intencionalidade "exprimimos o que a experiência direta nos oferece" (Husserl, 2000: 39). Não se trata de um realismo, posto que não há uma primazia dos fatos, mas, ao contrário, um reconhecimento de uma relação fundante entre consciência e objeto, homem e mundo, que advoga a fenomenologia. Afinal, esta é a interpretação de Sartre da intencionalidade husserliana, da noção como relação.[3] Segundo movimento, que intensifica o anterior, ao deslocar a realidade para um campo inclusivo, fazendo com que a concretude existencial adquira uma densidade espectral, em oposição a uma fatalidade objetiva, calculável.[4] De posse desses princípios fenomenológicos – a dimensão de alteridade humana e o modo de ser do sujeito no mundo –, Sartre propõe um outro caminho para a reflexão sobre a contemporaneidade.

Dois temas expostos por Sartre em *O ser e o nada* evidenciam este caráter ecológico instituído pelo existencialismo, caráter este que reivindica, por sua disposição correlacional, uma dimensão ética, expressa em Sartre na articulação da ontologia com a fenomenologia. O primeiro é a análise da interrogação. A interrogação não é uma novidade em termos filosóficos: de Platão a Husserl, de Descartes a Hegel, a filosofia passa pela interrogação. Todavia, há uma originalidade em Sartre na forma de conduzir a reflexão sobre a interrogação, que dirá exatamente o seu campo de atuação. Ele não está interessado no objeto da interrogação (o que é a verdade, o conhecimento, a história etc.?), nem seu objetivo será o de discutir a possibilidade de aquisição de conhecimento sobre o tema investigado, mas, antes, o de descortinar a estrutura intrínseca da interrogação, o modo de ser desta inclinação humana, sua implicação e, por final, a condição deste ser capaz de se interrogar.

Sartre dirá que toda interrogação funda uma possibilidade de resposta, mas também, necessariamente, de uma negativa. Ao perguntar qualquer coisa, só se pode conceber uma pergunta se houver a possibilidade do recebimento de um *não*. Conjuntamente a esta possibilidade, mesmo que a resposta seja afirmativa, o *sim* é afirmativo sobre um fundo de negação, pois, ao afirmar algo, se afirma em contrapartida a tudo o que não é dito. O estremecimento inesperado causado pela interrogação expõe, de forma inequívoca, uma série incontornável de indeterminações no seio do ser: o não ser do saber de quem indaga, o não ser do objeto indagado e o não ser limitador da resposta. E será pela interrogação, em que a relação é mantida e evidenciada a um só tempo, nessa experiência de pertencimento (por manter a relação sujeito-objeto) produzida por um aniquilamento (por não tomá-la como autoevidente), que Sartre introduzirá o seu par-referencial com o ser: o nada.

Essa espessura de nada (*néant*) nos negócios humanos é trazida à tona neste confronto perpétuo entre sujeito e mundo, homem e existência. É assim que o homem toma ciência do nada que se entremeia em seu ser e que é também expressão do *ser-no-mundo* que o traduz. Trata-se da afirmação mais profunda da relação como forma ontológica do homem. Esta tensão entre o gesto humano (a interrogação) e a ambiguidade da resposta (sim ou não), esse descompasso entre o lançar-se no mundo do homem (como plena possibilidade) e a incapacidade deste mundo em determiná-lo (o homem enquanto projeto de ser é sempre uma abertura ao novo), indicados pelo nada que *ocupa* a atividade humana, são o que Sartre nomeia de liberdade.

A liberdade é resultado deste esgarçamento temporal do passado e futuro sobre o presente, que impossibilita a determinação do humano, deste estado de coisas que o torna incapaz de se determinar previamente e, ao mesmo tempo, de se silenciar. Não sendo um atributo humano – ela é fruto de uma incapacidade de os motivos determinarem o homem –, a liberdade não pode ser nem subtraída nem elaborada. Da pergunta "o que deve ser o homem em seu ser para que através dele o nada venha ao ser?" (Sartre, 2012: 67), o existencialismo responde: um drama (Sartre, 2005: 158).

Como a liberdade se realiza na forma de um acontecimento, o problema que se coloca a seguir é sobre o montante deste empreendimento ou, como Sartre dirá, de forma direta, "mas a que preço?" (Sartre, 2012: 560). É aqui que o segundo tema contribui para o avanço da questão: a má-fé. Noção limítrofe entre filosofia e literatura, a má-fé nada mais é do que a tentativa do homem de recorrer a uma suposta liberdade planetária para, em meio a uma confusão de excessos (uma abundância de possibilidades), se desprender de sua liberdade fática (como aquele que escapa sorrateiramente de um festejo povoado). A má-fé pretende atuar como uma capacidade nadificadora, não dos motivos escolhidos, nem mesmo de um passado vivido, mas, potencialmente, da própria condição humana. Seu ser seria atingido em seu íntimo, catapultando o homem para fora de si mesmo, sob o risco, inclusive, de não ser mais possível sequer uma descrição ontológica. A investida da má-fé busca acessar uma capacidade exótica da nadificação, gerar um alcance longínquo que atingiria o próprio homem em seu âmago, tornando débil até mesmo sua indeterminação. No estudo da má-fé, Sartre aposta a própria noção de liberdade, levando-a ao seu limite, possibilitando, com isso, descobrir as fronteiras da relação que forja sua atuação no mundo.

Sartre, em respeito à condição humana e seu projeto de ser, recorrerá a ficções, a verdadeiros dramas cotidianos, tendo como pano de fundo nas descrições, de um lado, a mais ampla liberdade e, de outro, o forte desejo de elisão da mesma. O intento dessas práticas de fuga será a busca por uma supressão da responsabilidade que nasce da falta de fundamento, do aprisionamento desta abertura radical que caracteriza o humano. Estranha conduta de fuga, não de algo, nem de alguém, mas de si mesmo. Esta batalha sem despojos a ser reclamados, em que "não deixo para trás algo que não desejo, mas unicamente vou em busca do que desejo ser" (Silva, 2004: 157), ou seja, ser livre para deixar de ser responsável pelos meus atos, encontra sua realização em dramas que expressam "a dialética da condição humana" (Norberto, 2017: 70). Deste modo, alheias à sua eficácia, as condutas de fuga, pela simples prática, já explicitam uma ambiguidade distintiva do humano. Sartre falará então de um encontro amoroso, do dilema de um viciado em jogos, de um conflito em um casamento gay sobre a sinceridade, de uma caminhada ameaçada pelo cansaço de seu praticante. Mas, de todas as ficções oferecidas, o drama que expõe de forma mais explícita a questão da constituição do sujeito, desta perda para que algo surja, desta "paixão" (Sartre, 2012: 568) que se confunde com o nosso surgimento, é o do garçom.

A situação exposta é interessante por representar uma função impessoal com uma aura de intimidade. O garçom, para o cliente, é um homem específico, íntimo, mas, ao mesmo tempo, é um ser como outro qualquer, impessoal, uma pessoa que mais exerce um trabalho determinado do que vive espontaneamente. Sua singularidade é dissolvida na especificidade de um papel. Sartre aproximará esse exercício de uma encenação. A conduta do garçom assemelha-se à de um ator, performance esperada pelo público sentado nas mesas dos bares. Contudo, diferentemente de um ator, o garçom é reduzido à sua atuação pelos frequentadores: ou bem ele representa ser garçom, atende as mesas sem carregar com seus atos qualquer singularidade, ou bem é desqualificado enquanto integrante da cena, obsoleto fora de sua função. Existe uma verdadeira justaposição conflitante entre o indivíduo e o papel, que alimentará a esperança da possibilidade de uma identificação, na maneira de *ser o que é* (Sartre, 2012: 105). Há a esperança da dissolução de este conflito ocorrer com a assunção plena da função, em uma identificação objetal, o que produziria impactos neste jogo entre liberdade e responsabilidade.

Esta pretensa conversão operaria sobre um registro de aprisionamento, a partir de uma transformação do homem em coisa, da abertura característica do humano para uma estabilidade típica dos objetos (a paixão que se consumaria na sonhada dissolução pelo amado). Se o fundo de violência que sustenta o ideal de identificação não fosse suficiente para questionar sua pertinência, se romperia no horizonte da prática uma inviabilidade efetiva. O garçom, por mais que se esforce para se anular na função, tentando realizar-se exclusivamente na representação, ultrapassa necessariamente seu próprio projeto de má-fé, tal qual aquele que representa um personagem se depara, ao sair do teatro, com a contingência inequívoca da vida. Suas funções podem ser determinadas – arrumar o salão, atender os fregueses, anotar o pedido etc. – e o exercício pode ser executado com empenho, mas tudo isso não passa de um reflexo do papel que ele exerce, e não de uma efetiva existência delimitada e, por isso, estabilizada. Não há como, mesmo em má-fé, o homem coincidir com sua função. O garçom é garçom na medida em que representa ser garçom – "como um ator interpreta Hamlet", dirá Sartre (2012: 107) –, o que faz que esteja sempre separado desse mesmo papel, distante simultaneamente desse projeto de ser garçom, por um nada, "mas um nada que dela me isola, impede-me de sê-la, permite-me apenas *julgar sê-la*, ou seja, imaginar que a sou" (Sartre, 2012: 106-107).

É preciso levar às últimas consequências a ideia de projeto, pleiteada tantas vezes por Sartre, para compreender seu caráter contingencial. A noção de projeto (ou de drama), opondo-se à noção de natureza, comporta não só os aspectos de movimento e de incompletude, como também exige um mecanismo de transcendência que, em Sartre, se corporifica em uma capacidade de articulação temporal típica da existência humana. Neste sentido, o homem é aquele que só o é enquanto projeção de si mesmo. A projeção como realização humana é o reconhecimento também da impossibilidade de uma sinceridade no campo da existência. A identificação objetal, ou seja, esta busca por um elo forte entre intenção e ação, nada mais é do que uma expressão de um recurso que almeja coincidir o *fazer-se* com o *estabelecido*. Confinamento irrealizável para o humano, a não ser, ironicamente, enquanto projeto. Isso porque não posso ser aquilo que sou justamente porque há uma distância constitutiva, uma espectralidade insuperável através da conduta humana.[5] O homem só pode ser *sendo o que não é*, na forma de *projeto de ser*. Há, no seio da relação do humano com o mundo, uma ficção em curso, singular em sua forma e exterior em seu alcance.

Diante da impossibilidade de coincidir uma função com a maneira de ser do homem, restaria ainda a possibilidade de um recurso do estado anímico como transformador da condição humana. Poderíamos nos perguntar, por exemplo, se *estar triste* não seria um modo de viver triste, a ponto de conformar o modo de ser do homem à tristeza. Enquanto uma função tem uma dimensão pública que a torna incapaz de penetrar no ser do homem, um estado parece ser mais apto a atuar em sua intimidade, aproveitando-se do traço transformador do humano para uma transmutação definitiva. Esta é a esperança de um jovem que promete fidelidade à sua amada, de um político que genuinamente defende uma causa social ou de um crente que se confessa ao padre. O que confere credibilidade aos seus discursos é justamente essa camada superficial de franqueza. E essa fugaz presença, por sua vez, adquire aparência de uma conduta autêntica por prometer, subliminarmente, a transformação da pura indefinição em uma estabilidade de cunho universal (em nome do amor, da justiça ou, por exemplo, da honestidade). Contudo, eles não fazem nada além de mascarar seus *projetos de ser* sob o manto de uma fé injustificável na sinceridade, ou seja, na identificação. O que se ignora é que esta identidade só sobrevém enquanto projeto reiterado de identificação. Dito de outro modo, é a transcendência irrecusável do humano que possibilita a crença na sinceridade, posto que, ao extinguir o empenho do projeto de identificação, o que resta é a abertura, a possibilidade de um novo engajamento ou, se preferirem, nada. A sinceridade fracassa frente à ambiguidade humana.

Assim, a pergunta inicial ressurge: *afinal, o que sou?* Teríamos então que responder com justeza que *sou este constante lançar-se no mundo, projeto contínuo de ser*, e o que posso captar deste ser são traços do que foi, rastros de um passado vivido e de escolhas feitas; nada além disso. Em concomitância, há que se reconhecer que a efetividade da existência se dá no enlace do real com o ficcional. Logo, ao discutir a possibilidade de identificação com um estado anímico, retoma-se em Sartre, forçosamente, a questão da relação, indicando como resposta à pergunta, a dimensão da promessa de ser. O que perdura no projeto é a fugacidade do modo de ser do homem, e não a desejável determinação em má-fé, pois toda projeção humana é sustentada por uma indeterminação da qual não sou capaz de me desvencilhar.

O homem sincero tenta escapar de si rumo a uma reclusão ilusória, para depois relacionar-se consigo próprio, na forma de um espectador desinteressado. Frustra-se em sua ambição tranquilizadora, em seu desejo resolutivo. Desse jogo de disfarces crédulos, promovido pela consciência em um projeto de sinceridade, uma evidência regressa como centro de tais condutas: a habilidade de a consciência transitar entre o *ser* e o *não ser*, entre o real e irreal, entre o concreto e o espectral.[6] Tanto a má-fé não pode ser um projeto literal de transformação – mas sim um jogo alienante a partir dessas trocas – que, caso fosse possível tal transmutação, a liberdade esvaneceria, inviabilizando, não somente a si, mas aniquilando também a própria condição humana. Somente uma reinação realizada pela consciência e sustentada na irrealidade de uma ficção pode florescer e frutificar. Mesmo projetos que se apoiem nesta dinâmica, como, por exemplo, as condutas de má-fé ou o espírito de seriedade,[7] nada mais são que outras expressões da mesma indeterminação que funda o humano.

Pela própria natureza desta disposição, a ambiguidade aqui presente jamais pode ser vinculada a um caráter abstrato do humano.[8] A inexistência de uma objetividade não ocasiona um vazio sustentado e assim uma relatividade instituída. Ao contrário, a ambiguidade implica uma efetividade perturbadora. É precisamente por não haver nada resolvido que uma demanda irrefreada por atuação é solicitada. Será, então, esta demanda que caracterizará a efetividade da existência. Não importam a circunstância, a história pregressa, os envolvidos, as perspectivas futuras; cada postura impactará o mundo. O existencialismo apoia-se na impermanência concreta da realidade humana e, por isso, Sartre parte da consciência para evitar qualquer contaminação mecanicista, determinista ou idealista. É neste registro que o pensamento sartriano reivindica para si uma filiação cartesiana (Sartre, 2012: 134), tendo como solo de sua reflexão, inclusive ética, a realização da indeterminação humana.[9]

Esta compreensão da condição humana desempenha também uma via inteligível entre o humano e a vida, entre a realização e seu sentido: "não é em sabe-se lá qual retraimento que nos descobrimos: é na estrada, na cidade, no meio da multidão, coisa entre coisas, homem entre homens"

(Sartre, 2005: 57). Todavia, esta inteligibilidade está alhures de uma perspectiva tanto utilitarista quanto racionalista. Fracassará aquele que tentar buscar um valor último, um preceito primeiro para os negócios humanos. Eles são inalcançáveis por serem inexistentes.

Entretanto, é esta relação que sustenta e possibilita poder se falar com rigor do humano e do mundo. Há um enlace constitutivo que inviabiliza tratar separadamente o indivíduo do social. Esta é a razão cardinal da denúncia contra Flaubert e seu silêncio injustificável frente à Comuna de Paris, presente na Apresentação de *Les Temps Modernes* (1945): "considero Flaubert e Goncourt responsáveis pela repressão que sofreu a Comuna, porque não escreveram uma linha para a impedir" (Sartre, 1968: 13).

Há uma dimensão ética nesta posição. Sartre não está a reclamar de Flaubert uma atitude política incisiva, a despeito do seu desejo por tal,[10] nem quer que ele se equipare a Courbet, por exemplo, que participou ativamente do movimento e arcou com as consequências de seu engajamento, o que definitivamente não ocorreria.[11] A imputação sartriana é de outra ordem, inscreve-se em uma região decisiva para a reflexão sobre o humano. O que falta a Flaubert não é efetivamente uma postura ética – afinal, toda conduta, mesmo aquela que visa a "se livrar dos homens e das coisas" (Sartre, 2004: 100), reivindica uma ética; e Sartre explorará essa realidade em *O idiota da família* (1970/72) –,[12] mas antes, e gravemente, uma assunção da dimensão ética de (e não *em*) seu próprio trabalho. Seu silêncio comprime a possibilidade ética na mesma proporção que, com ele, o mundo é empobrecido pela ausência de sua obra, ao não reverberá-lo.

Para Sartre, do mesmo modo que o corpo fisiológico garante a veracidade da emoção,[13] o corpo social sustenta a realização humana. Não por meio de um simples espelhamento (foro íntimo ascendido à esfera pública ou vice-versa), tal qual ocorre no contratualismo, mas por um perpassar ontológico entre os polos da relação, da singularidade e do coletivo, da ética e da política. Esta articulação não produz uma identificação, mas sim uma exigência conjunta, não sendo possível se referir a um sem que o outro se revele. Há, como característico no existencialismo, um entrelaçamento constitutivo (distante, é preciso dizer, de um processo meramente associativo ou mesmo mitigado), em que o "entre" manifesta-se como a via de acesso possível para a complexidade da existência. Há, então, uma conjunção entre atividade e passividade, que organiza e expõe a dimensão ética em cada ação humana. Quando uma pessoa silencia frente ao seu tempo, o que irrompe é um deserto injustificado. Todo um processo percussivo é interditado, ocasionando isolamento de ações humanas e extinção de mundos possíveis. Uma ressonância é perdida e a coletividade é alijada de um futuro outro.

Em uma imagem, poder-se-ia dizer que o paraíso artificial do individualismo não passa de uma prisão, não de si (que, por definição, é o seu suposto objetivo), mas do mundo, deste elo de possibilidade que se projeta para além do indivíduo e que aqui é desacreditado e, por fim, negado.[14] Flaubert não trai a si, tampouco os homens em geral (o que seria não só pretensioso, mas também impraticável), mas o seu tempo. Ele se faz, não exatamente estrangeiro – estatuto que preserva uma dimensão crítica por ainda fazer parte –, mas exilado de sua contemporaneidade, do apelo que se faz ouvir.

Trata-se, em última análise para Sartre, do reconhecimento de uma fissura perene, que reclama uma elaboração da relação da temporalidade com o espaço.[15] E sem escusas. Afinal, do mundo, a nenhuma literatura, ou pessoa, é facultado evadir-se. Assim, o silêncio imposto reverberará por todo espaço humano; a ausência se fará presente em todo o mundo; uma obra se fará abstrata,[16] um escritor se verá alheio ao seu tempo, e o mundo, em sua força ética, se desertificará um pouco mais.[17]

Em um outro momento, na obra em que o tema será a literatura – *O que é literatura?* (1948) –, Sartre apontará para essa mesma exigência ética. Defendendo uma provocativa distinção entre poesia e prosa – em *Que é escrever?* –, é possível ver a questão retornar. Enquanto o poeta contempla o mundo com os olhos de Deus, fora da utilidade e aberto ao caráter originário das coisas, a prosa opera sobre os ditames da instrumentalidade. A linguagem assume na literatura o extremo da significação, atuando em um espaço prioritariamente comunicativo.[18] O que suporta e fomenta essa diferença não é outra coisa que a assimetria ontológica. Enquanto a poesia trata a linguagem para além dos signos, tornando-a imagem e, desta maneira, colocando-se fora dela, "como se não pertencesse à condição humana" (Sartre, 2004: 14) – esta é a força da poesia –, a literatura exerce, diversamente, uma *atividade*: fora da inocência, "estamos na linguagem como em nosso corpo; nós a *sentimos* espontaneamente ultrapassando-a em direção a outros fins, tal como sentimos as nossas mãos e os nossos pés" (Sartre, 2004: 19).

Essa semelhança com o humano não passará impune: a prosa carrega consigo a ambiguidade do para-si[19] e seu exercício estará impregnado pelo mesmo apelo ético, oriundo deste realizar-se ambíguo. Como visto, não se trata de uma correspondência a uma finalidade (ideológica ou lógica), mas de um projetar-se enquanto assunção de seu tempo, de uma realização do espaço (im)possível da obra. O que, de modo algum, pode aproximar esta dimensão ética a uma orientação, a um intervencionismo propedêutico frente a uma liberdade vazia. Como bem definiu Blanchot, literatura é, por essência, desvio e irrealidade.[20] Logo, recorrer a um parâmetro de pureza para a literatura não só é duvidoso em termos lógicos, como nega a dimensão ficcional constitutiva da arte. Assim, só por desonestidade, é possível aproximar a dimensão ética da literatura a uma dirigismo.

Tendo como pano de fundo teórico o desmoronar da ideia tranquilizadora de teleologia, o que está em jogo, mais uma vez, é o espetáculo humano, com sua ambiguidade inerente e sua constituição de mundo em aberto. O abismo da existência – a capacidade de projetar futuros em consonância com a crueza da imposição de uma realidade contingente – impõe ao humano uma tarefa, um reexistir sem fim. Opor-se ao silêncio, este, por definição, reacionário, é expandir o espaço em que se encontra, é ressoar seu tempo através de uma abertura a outros horizontes. Contra o desespero niilista, que obscurece o coletivo e protege-se em um ilusório ensimesmamento, a ética aparece como destino único para este ser de promessas, como o justo preço de habitação no tempo presente. Afinal, qual é o sentido incontornável da noção de *engagement* senão o ato criador e efêmero de fornecer resposta a uma situação em curso? É preciso falar. É preciso dizer, mesmo sem saber o rumo futuro dos acontecimentos. Pois, o futuro só virá, sempre envolto em um destino incalculável, se o presente, em seu silêncio natural, for assaltado por uma ação e destituído de sua paralisia latifundiária. Aos homens, então, surge a felicidade prodigiosa da liberdade:

Nos dentes da armadilha,
A pata da raposa.
E o sangue sobre a neve,
O sangue da raposa.
E marcas sobre a neve,
As marcas da raposa
Que foge com três patas,
Sob o sol já poente,
Levando entre seus dentes
Uma lebre ainda viva.[21]

Notas

1 O que fará com que Foucault exponha este paradoxo no final de *As palavras e as coisas* (1966), confundindo muitos leitores, que tomaram a afirmação como projeto futuro, em vez de um verdadeiro diagnóstico presente: "o homem é uma invenção cuja recente data a arqueologia de nosso pensamento mostra facilmente. E talvez o fim próximo" (Foucault, 1999: 536).

2 "Os novos impulsos que a fenomenologia recebeu devem-se a René Descartes" (Husserl, 2001: 17).

3 "A necessidade da consciência de existir como consciência de outra coisa que não ela mesma" (Sartre, 2005: 57).

4 O que, neste ponto, aproximará o existencialismo da psicanálise: "Para Freud, como para nós, um ato não pode limitar-se a si mesmo: remete imediatamente a estruturas mais profundas. E a psicanálise é o método que permite explicitar tais estruturas. Freud indaga, como nós, em que condições é possível que tal pessoa em particular tenha executado tal ação em particular. E, como nós, nega-se a interpretar a ação pelo momento antecedente, ou seja, conceber um determinismo psíquico horizontal" (Sartre, 2012: 565).

5 "Mas o Para-si, em sua Liberdade, não inventa somente seus fins primários e secundários; inventa ao mesmo tempo todo o sistema de interpretação que permite suas interconexões. Portanto, em caso algum poderá tratar-se de estabelecer um sistema de compreensão universal dos possíveis secundários a partir dos possíveis primários, mas, em cada caso, o sujeito deve fornecer suas pedras de toque e seus critérios pessoais"

(Sartre, 2012: 580). Pessoais porém não deliberativos. Derivam de um mundo *singular*, de um acontecimento cujo epicentro está no humano, mas extrapolam o âmbito volitivo individual.

6 "E não há nada a espiritualizar, nada a resgatar, senão este mundo multicolorido e concreto, com seu peso, sua opacidade, suas zonas de generalidade e seu formigamento de histórias, esse Mal invencível que o corrói sem jamais conseguir aniquilá-lo" (Sartre, 2004: 119).

7 "Há seriedade quando se parte do mundo e se atribui mais realidade ao mundo do que a si mesmo: pelo menos, quando se confere a si mesmo uma realidade, mas na medida em que se pertence ao mundo" (Sartre, 2012: 709).

8 É fundamental não recobrir a noção de abstração com a de alienação. A alienação, já tratada em *O ser e o nada* e decisiva em *Crítica da razão dialética* no estudo da noção de prático-inerte, se refere a uma disposição do humano de evadir-se de si a partir de uma dimensão exterior. Sombra projetada pela própria liberdade, a alienação configura-se como ameaça iminente e, ao mesmo tempo, insuperável: "o sentido mesmo de nossa livre escolha consiste em fazer surgir uma situação que exprime tal escolha e da qual uma característica essencial é ser alienada, ou seja, existir como forma em si para o outro" (Sartre, 2012: 644). Neste sentido, pôr-se para além de qualquer valoração abstrata em nada afasta o risco concreto da alienação, postura esta a ser enfrentada. Ignorar tal diferenciação pode acarretar o ingresso silencioso de questões metafísicas inexistentes no pensamento sartriano, bem como um obscurecimento na própria descrição da realidade em questão.

9 "Sartre viu muitíssimo bem que este direito radical de iniciativa, este direito preferencial outorgado por Descartes à existência sobre a essência, se refere a uma faculdade análoga, de que o homem pressente em si a vocação. A escolha pré-empírica do caráter inteligível identifica-se com o exercício de um poder de criação contínua do homem por si, que corresponde à consciência última da liberdade humana e mede, a cada instante, nossa responsabilidade" (Gusdorf, 1960: 40).

10 "Flaubert reconheceu explicitamente esse direito (o da burguesia governar) e sua correspondência após a Comuna, que tanto o amedrontou, é farta em injúrias ignóbeis contra os operários" (Sartre, 2004: 96).

11 "Bem antes que Gide o escrevesse, Flaubert, Gautier, os irmãos Goncourt, Renard, Maupassant, já à sua maneira haviam dito que 'é com bons sentimentos que se faz a má literatura'" (Sartre, 2004: 99).

12 Se Flaubert ignorou a Comuna de Paris e não foi capaz de atuar sobre esta exigência de seu tempo, recaindo naquilo que Nietzsche chamou de uma triste "causalidade irrefletida" (Nietzsche, 2018: 15), sua obra en-

quanto esforço estético para aplacar a falência cotidiana vivida mostra-se ainda a expressão de um acontecimento em que França, Flaubert e a Comuna são perpassados mutuamente pela obra. Os três volumes dedicados a Flaubert por Sartre são um testemunho desta força criadora, reveladora de um mundo, de uma modernidade.

13 "A emoção é o corpo que, dirigido pela consciência, muda suas relações com o mundo para que o mundo mude suas qualidades" (Sartre, 2007: 65).

14 "Digo que a literatura de uma determinada época é alienada quando não atingiu a consciência explícita da sua autonomia e se submeteu aos poderes temporais ou a uma ideologia, isto é, quando considera a si mesma como meio e não como um fim incondicionado, [...] quando estabeleceu apenas o princípio da sua autonomia formal e considera indiferente o tema da obra" (Sartre, 2004: 114-115).

15 "As questões que o nosso tempo nos coloca e que permanecerão como *nossas* questões são de outra ordem: como é possível fazer-se homem na história, pela história e para a história? Haverá uma síntese possível entre a nossa consciência única irredutível e a nossa relatividade, ou seja, entre um humanismo dogmático e um perspectivismo?" (Sartre, 2004: 164-165).

16 Sartre designa de abstrata uma literatura que não conquistou uma visão plena de sua natureza, que ainda se encontra na função de expediente, presa a um valor de correspondência, angariando para si apenas o aspecto formal de sua devida autonomia. Mas é justamente sua autonomia que a capacita a ressoar o mundo, e não o seu impeditivo (Sartre, 2004: 115).

17 Dentro deste contexto, a busca por uma efetivação da ética em Sartre, a almejada *libertação*, paradoxalmente, poderá incorrer nos efeitos que pretende elidir, quais sejam: o esquecimento do espaço comunitário do humano (mesmo que o intuito seja tomá-lo como o fim de uma ética), o enfraquecimento da intersubjetividade humana (desafio para toda totalização) e a rejeição da alteridade na constituição de si (a partir da ameaça de um insidioso caráter prescritivo). Isso porque o apelo não comporta resoluções, mas solicita apenas e, de forma inclemente, o empenho. O que não impediu, é preciso reconhecer, que Sartre mantivesse essa possibilidade viva em seus trabalhos.

18 "A prosa é discurso, e as palavras que utiliza são vistas não como objeto, mas como designação deles" (Souza, 2008: 49).

19 "O homem é o ser em face de quem nenhum outro ser pode manter a imparcialidade, nem mesmo Deus. Pois Deus, se existisse, estaria, como bem viram certos místicos, em situação em relação ao homem" (Sartre, 2004: 21).

20 "A obra de ficção nada tem a ver com honestidade: ela trapaceia e só existe trapaceando. [...] Ela mostra e retira; vai a algum lugar e deixa crer que o ignora. É no modo imaginário que encontra o real, é pela ficção que se aproxima da verdade" (Blanchot, 1997: 187).

21 Poema "Les prodiges de la liberté" de Jacques Prévert. Tradução de Carlos Drummond de Andrade.

Referências

ARENDT, H. *A condição humana*. 10ª ed. Tradução de Roberto Raposo. Rio de Janeiro: Editora Forense, 2004.

ARISTÓTELES. *Metafísica*. Tradução de Marcelo Perine. São Paulo: Edições Loyola, 2005.

BLANCHOT, M. *A parte do fogo*. Tradução de Ana Maria Scherer. Rio de Janeiro: Editora Rocco, 1997.

BORNHEIM, G. *Sartre: metafísica e existencialismo*. 3ª ed. São Paulo: Editora Perspectiva, 2005.

CHAPSAL, M. *Entretien avec Merleau-Ponty in Envoyez la petite musique*. Paris: Grasset, 1984.

FOUCAULT, M. *As palavras e as coisas: uma arqueologia das ciências humanas*. 8ª ed. Tradução de Salma Tannus Muchail. São Paulo: Martins Fontes, 1999.

GUSDORF, G. *Tratado de metafísica*. Tradução de António Pinto de Carvalho. São Paulo: Companhia Editora Nacional, 1960.

HUME, D. *Tratado da natureza humana*. Tradução de Déborah Danowski. São Paulo: Editora Unesp, 2001.

HUSSERL, E. *A idéia da fenomenologia*. Tradução de Artur Mourão. Lisboa: Edições 70, 2000.

______. *Meditações cartesianas: introdução à fenomenologia*. Tradução de Frank de Oliveira. São Paulo: Madras, 2001.

KANT, I. *O conflito das faculdades*. Tradução de Artur Morão. Lisboa: Edições 70, 2017.

KREMER-MARIETTI, A. *De la philologie à la généalogie in Contribution à la généalogie de la morale*. Paris: L'Harmattan, 2006.

KUNDERA, M. *O livro do riso e do esquecimento*. Tradução de Teresa Bulhões Carvalho da Fonseca. São Paulo: Companhia das Letras, 2008.

MERLEAU-PONTY, M. *Fenomenologia da percepção.* 2ª ed. Tradução de Carlos Alberto Ribeiro de Moura. São Paulo: Martins Fontes, 1999.

NIETZSCHE, F. *A genealogia da moral: uma polêmica*. Tradução de Paulo César de Souza. São Paulo: Companhia das Letras, 1998 [1887].

______. *Crepúsculo dos ídolos*. Tradução de Paulo César de Souza. São Paulo: Companhia das Letras, 2017.

______. *Schopenhauer como educador*. Tradução de Giovane Rodrigues e Tiago Tranjan. São Paulo: Mundaréu, 2018.

NORBERTO, M. *O drama da ambiguidade: a questão da moral em O ser e o nada*. São Paulo: Edições Loyola, 2017.

SARTRE, J-P. "Apresentação da revista 'Les Temps Modernes'". *Situações II*. Tradução de Rui Mário Gonçalves. Lisboa: Publicações Europa-América, 1968.

______. *Sartre – un film réalisé par Alexandre Astruc et Michel Contat (texte intégral)*. Paris: Gallimard, 1977.

______. *A transcendência do ego: esboço de uma descrição fenomenológica*. Tradução de Pedro M. S. Alves. Lisboa: Edições Colibri, 1994.

______. *O que é a literatura?* 3ª ed. Tradução de Carlos Felipe Moisés. São Paulo: Ática, 2004 [1948].

______. *Situações I – críticas literárias*. Tradução de Cristina Prado. São Paulo: Cosac Naify, 2005.

______. *Esboço para uma teoria das emoções*. Tradução de Paulo Neves. Porto Alegre: L&PM, 2007.

______. *O ser e o nada: ensaio de ontologia fenomenológica*. 21ª ed. Tradução de Paulo Perdigão. Petrópolis: Vozes, 2012 [1943].

SILVA, F. L. *Ética e literatura em Sartre: ensaios introdutórios*. São Paulo: Editora Unesp, 2004.

SOUZA, T. M. de. *Sartre e a literatura engajada*. São Paulo: Edusp, 2008.

É a ética uma ideologia? Incursão pelo manuscrito Cornell

Vincent de Coorebyter

Em 12 de dezembro 1961, convidado a dar uma palestra no Instituto Gramsci de Roma[1] diante de uma plateia de intelectuais marxistas de primeira linha, Sartre solta o verbo, sem medo de chocar, denunciando a incoerência da posição materialista em relação à moral. No caso em apreço, ele antes visa ao marxismo, mas não isenta o seu próprio trabalho da crítica proferida:

> ... ainda lhes falta e ainda nos falta uma teoria dos valores. O marxismo não tem teoria dos valores [...] A vocês marxistas, digo, não há sistema axiológico marxista fundado, aliás não existe um tal sistema, e tampouco pretendemos tê-lo descoberto [...] Ainda é preciso saber como, num sistema marxista [...], pode existir a passagem para o valor, ou seja, em suma, para uma norma. E até há quase sempre uma contradição – contradição fundada, porém constante – entre o juízo de um marxista sobre um indivíduo, por exemplo, e sua ação, e a compreensão dialética deste indivíduo enquanto representante atual de uma fração, de uma classe, que, a partir daí, age como deve agir. Há um problema, esse problema nunca foi tratado. (Sartre, 2013: 160-161)

Como o marxismo pode julgar um homem? E como pode ele dar sustento a seus juízos de valor, já que reconduz a ética às fileiras das ideologias ou das superestruturas, e, assim procedendo, a reduz à expressão *de fato* de uma posição socioeconômica *de fato*? Conforme Sartre assinalava já em

1944, é contraditório reivindicar um materialismo histórico segundo o qual um homem se explica pelas suas causas, pela sua situação social e pelos seus interesses, e condenar moralmente a conduta deste homem como se ele fosse responsável por ela (cf. Sartre, 1970b: 657). Uma condenação dessas só tem sentido se feita em nome de um determinado sistema de valores – mas qual pode ser o fundamento deste sistema de valores se os valores fazem parte das ideologias e não são senão expressões de situações de fato? Uma norma pode sim ser oposta aos fatos, mas o marxismo não logra dar conta desta norma num sistema de pensamento que pretende não lidar senão com os fatos.

Sartre desenvolve essa réplica em 1946, em *Materialismo e revolução*, que apresenta o materialista revolucionário como uma contradição viva. Este último, pois, pretende conhecer apenas correntes de causas e efeitos, desconfia dos valores e das mistificações ideológicas que elas carregam, porém aceita sacrificar a sua vida para favorecer o advento de uma ordem social de que ele não se beneficiará pessoalmente – uma ordem, portanto, que "funciona para ele como um valor", isto é, como "o apelo daquilo que ainda não existe" (Sartre, 1949: 193). Em razão do princípio marxista segundo o qual "o sistema de valores vigente numa sociedade reflete a estrutura desta sociedade e tende a conservá-la", o esforço do oprimido para ultrapassar a opressão convoca um valor que "não se radica na existência meramente material e natural do indivíduo, uma vez que ele se volta para essa existência para julgá-la do ponto de vista do futuro" (1949: 194).

Contudo, se essa objeção vale para o marxismo, ela também vale para Sartre no âmbito de sua *Crítica da razão dialética*. Em 1944, a indignação moral dos marxistas no que diz respeito aos comportamentos individuais podia ser apontada como um endossamento implícito da teoria da liberdade de *O ser e o nada*: mesmo os marxistas são existencialistas, já que se permitem julgar os seus semelhantes. Em 1960, o fato de os anarcossindicalistas que trabalham com uma máquina universal, como o torno mecânico, desenvolverem um humanismo do trabalho, vetor de um ideal político,[2] parece ser uma dessas superações sub-reptícias de uma situação de fato que um materialista "seja qual for", escrevia Sartre em 1946, não "explicará jamais" (1949: 194). No sistema de *O ser e o nada*, o movimento ético, a aspiração a uma norma, encontra seu lugar sob a forma da aspiração ao Si ou ao em-si-para-si. Uma vez que o para-si caracteriza-se pela sua falta de ser, ele busca alcançar a si mesmo e se completar por meio da integração de uma dimensão de em-si, aspiração a uma totalidade impossível que adota necessariamente a forma do Valor, "existente normativo" que possui o caráter duplo "de ser incondicionalmente e de não ser", de ser "aquilo em direção a que um ser supera seu ser" (Sartre, 1966a: 136-137). Nesse âmbito ontológico, o Valor alicerça a ética da mesma maneira que ele sustenta a aspiração ao Belo ou a qualquer outra forma de idealidade: ele não é o que o para-si põe, nem o que se impõe ao para-si, "ele é consubstancial ao para-si" (1966a: 138), porquanto ele não é senão o horizonte do movimento de superação do em-si pelo qual o para-si se constitui como nada de ser em busca de seu ser. Dentro do contexto da *Crítica*, em contrapartida,[3] um tal horizonte não pode ser invocado como uma categoria ontológica derradeira, como um vetor de explicação: é, antes, a aspiração a um ideal ético que precisa ser explicada nesse contexto materialista, pelas próprias razões que Sartre sempre opôs ao marxismo.

Sobre tais bases, não é de se surpreender que Sartre volte a essa problemática no decorrer dos anos 1960, em, pelo menos, três ocasiões. Inicialmente endereçada ao Instituto Gramsci em dezembro de 1961, esta pergunta será retomada em outro colóquio do Instituto, organizado de 22 a 25 de maio de 1964 – colóquio esse em que Sartre apresentará uma palestra intitulada "Moral e sociedade", que foi editada nas *Études sartriennes* em 2015 (nº 19), sob o título "As raízes da ética".[4] Enfim, Sartre dedicar-lhe-á boa parte de seu tempo de trabalho em 1964-1965, esboçando ou redigindo sob formas múltiplas, no decorrer de períodos de escritura sucessivos, uma série de conferências acerca da moral, que deveriam ser proferidas na Universidade Cornell em 1965 – um projeto de que ele abriria mão *in extremis* para protestar contra a guerra protagonizada pelos Estados Unidos no Vietnã.

Os manuscritos desta tentativa de 1964-1965, por vezes chamada de "grande moral", "segunda moral" ou de "moral dialética", são conservados pela Biblioteca Beinecke da Universidade de Yale, e foram estudados pela equipe Sartre do ITEM[5] com vistas a uma edição de seus trechos mais significativos. Grégory Cormann e Juliette Simont publicaram em *Les Temps Modernes* (Sartre, 2005) a parte mais bem redigida e mais abordável desse conjunto monumental de 784 folhas, conservadas numa grande desordem e amiúde interrompidos, sendo que Sartre nunca hesita em retomar sua redação do zero.

Levando em conta a questão específica que nos interessa aqui, nós seguiremos, de nossa parte, uma das tentativas que permaneceram inéditas no conjunto "Cornell", não hesitando em tomá-la de seu contexto original. Esses manuscritos sobre a moral foram conservados em cinco *folders* cuja numeração vai de 59 a 63.[6] No estado vigente de sua catalogação – de fato, de sua conservação muito desordenada –, a parte que será utilizada concerne às folhas 83 e seguintes do *folder* 59, folhas essas que não são a continuação das que as antecedem, e que, concretamente, iniciam com o subtítulo "B)", a qual desvendaremos logo. Todas as nossas referências ao conjunto Cornell provêm do *folder* 59, nossas citações serão simplesmente acompanhadas, no corpo do texto, do número da folha que lhes corresponder. Seguiremos a transcrição estabelecida pela equipe do ITEM em 2007-2008 (para essas passagens, ver: Anne Mathieu, Jean Bourgault e Jean-Marc Mouillie), corrigindo (sem indicá-lo) o que deve manifestamente sê-lo, notadamente em termos de pontuação, não raro lacunar, em Sartre. O leitor não irá demorar a perceber que essas páginas, pela sua densidade, requerem uma explicitação paciente à qual nós daremos prioridade, de modo que nossos comentários sobre elas permanecerão bastante sucintos, a fim de respeitar os limites indicados para nossa contribuição.

A dimensão histórica, ou o momento da materialidade

Selecionamos essas folhas porque elas estão em contato direto com a questão que acabamos de colocar. Aliás, seu título o anuncia: "B) A empreitada ético-histórica. A Ética como superestrutura".

Esse título é marcante na medida em que cada um de seus componentes parece problemático. Sua primeira parte, "A empreitada ético-histórica", articula dois regimes de ser *a priori* antinômicos, sendo que a ética remete ao dever-ser e a História ao ser. Entretanto, essa articulação tem de ser experimentada por quem visa a se inscrever num âmbito materialista: é preciso ser capaz de explicar donde provêm nossas normas éticas e como elas derivam da História, sob pena de ter de abandoná-las ao idealismo. Tal tentativa, porém, conduz então à hipótese enunciada na segunda parte do título de Sartre, "A Ética como superestrutura", o que leva a uma dificuldade maior ainda. Se a ética se insere na História e se a História é material, a ética corre o risco de se ver reduzida ao nível de uma consequência de fato de um determinado sistema de produção, em detrimento de sua dimensão intrinsecamente normativa. No marxismo ortodoxo, a superestrutura (a política, o direito, a religião, a filosofia, a cultura…) é o efeito de um sistema de produção e das lutas internas a esse sistema, e os valores que ela acarreta não possuem seu sentido em si mesmos: a sua consistência é emprestada, eles convencem porque estão em consonância com situações socioeconômicas objetivas; eles não ecoam um anseio por um dever-ser, por algo além dos fatos, mas derivam dos próprios fatos históricos. Se a ética é uma superestrutura, ela se vê relegada ao patamar das ideologias e as normas que ela promove não passam de um estado de fato. O que nós reencontramos aqui é a aporia ressaltada por Sartre diante dos marxistas reunidos no Instituto Gramsci em dezembro de 1961: como podemos acreditar em nossos valores e conferir a eles um alcance universal, se eles são ancorados numa situação histórica contingente, da qual formam uma superestrutura?

Como A *lenda da verdade*,[7] o *folder* 59 do manuscrito Cornell responde a essas dificuldades partindo de um princípio materialista: "A passagem da natureza à cultura é necessariamente *prática*" (f. 83), arraiga-se no trabalho e na necessidade. Mais precisamente, conforme Sartre mostrou na *Crítica da razão dialética*, é a *necessidade* [*besoin*] que constitui o alicerce primordial: "o homem é um animal que reproduz sua vida pelo trabalho" (f. 83). O trabalho deriva da necessidade porque o organismo tem de garantir a sua própria reprodução, de acordo com um imperativo de sobrevivência que não pode ser ignorado por ninguém.

Tudo isso já era bem conhecido no momento em que Sartre redigia suas conferências. Porém, a questão dessa passagem da *necessidade* ao *trabalho* reside no fato de que, diferentemente dos modos de preservação que imperam sobre o mundo animal, a sobrevivência do homem, ao passar pelo trabalho, apresenta traços específicos que estão na origem da ética ou, mais amplamente, das ideologias: a passagem da natureza à cultura "se manifesta na e pela transformação do campo prático em um campo prático-ético" (f. 83).

Primeiro traço especificamente humano: o trabalho implica uma série de diferenciações. Primeiro, diferenciações no espaço que nos circunda, pois o trabalho implica uma estruturação do campo prático: alguns elementos deste espaço circundante vão servir-nos de meios, de instrumentos, para realizar os nossos fins, por exemplo, graças à produção agrícola ou, simplesmente, à organização coletiva da caça e da colheita. Diferenciações no tempo, em seguida, uma vez que é preciso distinguir os momentos, as etapas desta empreitada organizada, e em particular a invenção dos meios destinados a realizar um fim, a saber, a sobrevivência.

Disso decorre um segundo traço especificamente humano: o trabalho faz "aparecer no mundo uma categoria nova: *o possível*" (f. 84). O estatuto desta categoria merece ser verificado, já que a noção remonta até *O ser e o nada*, correndo-se o risco de endossar a ideia de um resíduo fenomenológico no seio da moral materialista oriunda da *Crítica da razão dialética*. Por enquanto, limitemo-nos a observar que "o homem é o ser pelo qual *o possível* vem ao mundo" (f. 84), sem tirar uma conclusão apressada do fato de que essa exata formulação já foi utilizada em *O ser e o nada*.[8]

No contexto do manuscrito Cornell, esse surgimento do possível tem dois motivos. De um lado, os instrumentos, até mesmo os tão rudimentares como um simples sílex, têm vários usos potenciais, que o homem deve inventar e entre os quais ele pode escolher: o possível é, aqui, ligado à liberdade. Por outro lado, ao organizar o seu trabalho, o próprio homem vive a si mesmo como um possível. Ele talha um sílex, fabrica um arco ou ara a terra para explorar a *possibilidade* de garantir a sua comida, com a ajuda desses instrumentos, de sorte que ele se torna para si mesmo o seu próprio possível: ele adia a satisfação de suas necessidades para garantir a sua sobrevivência eventual. Nesse sentido, o possível liga-se com a temporalidade, com um tempo vetorizado, o que nos reconduz ao primado do futuro, característico de *O ser e o nada*. Dito de outro modo, a irrupção do possível parece confirmar a leitura que Aron (1973) fez da *Crítica da razão dialética*: a derivação histórica da ética não se funda primeiramente em categorias materialistas ou marxistas, mas em características ontológico-fenomenológicas; há em tudo isso uma brecha da liberdade no coração da necessidade, ou, se preferirmos, uma intervenção de *O ser e o nada* na elaboração de uma moral materialista influenciada pela *Crítica*. A menos que se presencie, na realidade, a operação exatamente inversa, ou seja, a retomada das categorias da ontologia fenomenológica em um âmbito estritamente materialista, o que subverteria o seu sentido: só a continuação do texto permitirá resolver essa questão, nomeadamente em função de sua coerência.

Seja o que for, a análise prossegue de modo materialista. Com efeito, embora gerador de possíveis, o imperativo inicial não afrouxou sua constrição: "o fim absoluto da práxis fundamental é reproduzir a vida" (f. 84). Daí uma série de coerções, que constituem um terceiro traço especificamente humano. Para explorar os instrumentos que asseguram a sua sobrevivência, cada um tem de trabalhar sobre si mesmo, tem de tomar instruções, aprender, utilizar da melhor forma possível as técnicas elaboradas pela coletividade. O mundo em que existem os possíveis é um mundo atravessado por *necessidade* [*nécessité*] de quatro maneiras pelo menos: 1) esse mundo está dominado pelo imperativo da sobrevivência; 2) ele está saturado de "*tarefas a cumprir*" (f. 85), aquelas que, justamente, são necessárias para satisfazer o imperativo da reprodução; 3) essas tarefas impõem suas próprias normas, pelo simples fato de que seu cumprimento passa por um uso definido dos instrumentos disponíveis; 4) por ser definido, tal uso toma a forma de *exigências* que decorrem da necessidade de utilizar os instrumentos da melhor forma possível – aprendizagem dos utensílios, busca dos materiais que permitem criá-los, manutenção de sua eficácia, organização do trabalho e das relações humanas a ele inerentes...

Assim, os possíveis se veem cercados pela necessidade [*nécessité*]: é isso, muito precisamente, o que a *Crítica da razão dialética* chama de "prático-inerte". Uma vez que, na *Crítica*, o ser-ao-mundo [*l'être-au-monde*] não é mais o ato de uma livre consciência, e sim a situação de um organismo entregue ao desamparo, os utensílios, produtos da prática humana, têm todo o seu peso de inércia, dobram os homens sob o seu jugo, impõem suas regras de funcionamento, sendo que o organismo interioriza desde a infância sua dependência para com aquilo que lhe permite subsistir. Mantemos uma relação fundamental com o inerte porque o trabalho exerce-se sobre produtos da natureza que obedecem a leis não humanas, que resistem à nossa vontade, que nos opõe à sua inércia, e porquanto tal inércia se espalha pelo mundo humano, perpassa pelo conjunto das técnicas cunhadas pelo homem, já que a eficiência de nossos instrumentos impõe o respeito das leis físicas, econômicas e jurídicas, que apresentam o mesmo grau de necessidade que a matéria bruta. O homem tem de se fazer coisa para poder agir sobre as coisas.

A consequência de tudo isso é que, ao desenvolver um campo prático cada vez mais complexo – o que, na linguagem marxista, se chama um sistema de produção –, o homem cultiva sua relação com os possíveis, isto é, com a liberdade, com uma abertura [*trouée*] de futuro, com uma autodeterminação, mas, no mesmo gesto, ele se objetiva e se limita:

> O homem é objeto para o homem na medida em que ele se apreende praticamente como conjunto de possibilidades (tarefas a cumprir) definidas pelo conjunto prático-inerte que os membros da comunidade construíram, isto é, [como] conjunto de possibilidades *realizáveis* pelo complexo instrumental atual e *limitadas* por este complexo. (f. 85)

Aqui, o possível permanece um elemento de cunho fenomenológico. Ele remete a uma análise da interioridade que permite compreender a projeção em direção a um futuro. Entretanto, ele não é – como queria Raymond Aron – uma categoria importada de *O ser e o nada*: ele pertence de pleno direito ao campo do materialismo, por vincular-se à projeção do organismo em direção à sua repleção. E, devido a esse fato, o possível se torna necessidade, o que exprime a estrutura kantiana do imperativo hipotético, a qual parece constituir a última palavra desta análise. Para a liberdade alcançar o objetivo que ela se dá, a saber, sua sobrevivência sob forma de organismo vivo, ela tem de submeter-se a imperativos ligados às regras de funcionamento desse organismo e às determinações rigorosas da materialidade, tenha ela uma forma natural ou trabalhada.

A dimensão ética, ou o momento da idealização

O texto que estamos utilizando aqui tem como subtítulo "A empreitada ético-histórica". Acabamos de circunscrever precisamente a sua dimensão histórica: nascemos em um contexto prático-inerte historicamente constituído. Sobre essas bases, o que advém à ética? Ante esse complexo prático-inerte compulsório, o momento preciso da aparição da ética toma a forma de uma passagem para o universal, de um afrouxamento da coerção, de uma idealização:[9]

> A contar do instante em que o agente histórico se deixa definir por esse complexo e não pretende apenas reproduzir a sua vida nua, e sim realizar por esse meio a possibilidade "*homem*" esboçada implicitamente pelo modo de reprodução, a ação histórica explicita e desenvolve a sua *dimensão ética.* (f. 85)

Ter-se-á de citar várias vezes esta frase, pois ela é crucial. Ela começa de maneira rigorosamente marxista: "A contar do instante em que o agente histórico se deixa definir por esse complexo [prático-inerte]..." A ética não decorre de um trabalho do espírito; ela nasce em um momento preciso, como expressão de um modo de reprodução determinado pelo qual todo agente histórico é levado a se definir.

Porém, primeiro afastamento decisivo em relação ao marxismo ortodoxo, aqui a ética não é a superestrutura de uma infraestrutura. O que Sartre chama de "*dimensão ética*" está fincado no "modo de reprodução", *provém diretamente dele*: essa dimensão não pode fazer mais, escreve Sartre, do que *explicitar-se* e *desenvolver-se*, o que manifesta claramente sua presença originária no cerne da organização *material* da comunidade humana. Pelo menos, essa é a demonstração que Sartre parece anunciar, da qual ele ainda é devedor: por essa definição da ética, e a contrapelo daquilo que o título deste desenvolvimento parecia significar, aqui não há superestrutura operando; a ética tem de situar-se no nível *da infraestrutura*, enquanto tecida no cerne mesmo de nossa relação com o trabalho.

Segundo afastamento decisivo em relação ao marxismo ortodoxo, a ética não é apenas uma das dimensões de um modo de reprodução. Para que essa dimensão ética se desenvolva, é preciso o agente histórico "não pretende[r] apenas reproduzir a sua vida nua, e sim realizar por esse meio a possibilidade '*homem*' implicitamente esboçada pelo modo de reprodução". Como já era o caso para o platonismo, para a lógica ou para a ciência na *Lenda da verdade*, o conteúdo da ética se vê esboçado em nossa relação prática com a matéria, no entanto, ele não se deixa reduzir à contingência desta relação: a ética possui uma normatividade interna, negligenciada pelo marxismo, que vai *além* das necessidades materiais. A ética nasce quando o agente histórico "não pretende apenas reproduzir a sua vida nua", submeter-se aos imperativos materiais para garantir a sua sobrevivência, mas assume essas necessidades em conta própria como uma forma de se dar um ideal de porte universal, como uma maneira, historicamente definida, contudo trans-historicamente defensável, de realizar a possibilidade "*homem*", de atingir a realização da humanidade, motivo pelo qual a ética, como, por exemplo, a ética burguesa da igualdade, propõe seu ideal para a humanidade inteira.

Implicitamente, há uma dimensão fenomenológica da análise, que proíbe diluir esse ponto de vista materialista em um positivismo ou em um sociologismo. Posto isso, e para concluir esse breve lembrete das principais divergências entre Sartre e o marxismo, cabe assinalar que essa dimensão trans-histórica e fenomenológica da ética, esse esforço, em Sartre, para respeitar a dimensão de normatividade, *de idealidade* da ética, constituem ao mesmo tempo a superioridade e, talvez, o limite de sua análise. Pois, embora Sartre faça efetivamente ao marxismo uma pergunta que este, na época, recusava-se em fazer, não está claro se a resposta sartriana à mesma é satisfatória. Com efeito, no estágio a que chegamos, no *folder* 59 do manuscrito Cornell, não podemos deixar de ficar surpreendidos pelo fato de que esse texto, mais desenvolvido do que a *Crítica* em relação ao tema do nascimento da ética, reitera em suma um gesto que já foi feito na análise do anarcossindicalismo. Assim como a máquina universal restitui o conteúdo do humanismo do trabalho, mas *não* do fato de essa ideologia tomar a forma de um modelo antropológico normativo, o texto-chave que estamos comentando postula também que o indivíduo humano persegue um ideal ético, *sem* explicar essa busca de ideal enquanto tal – vale relê-lo:

> A contar do instante em que o agente histórico se deixa definir por esse complexo e não pretende apenas reproduzir a sua vida nua, e sim realizar por esse meio a possibilidade "*homem*" esboçada implicitamente pelo modo de reprodução, a ação histórica explicita e desenvolve a sua *dimensão ética*. (f. 85)

Donde vem o fato de o modo de reprodução esboçar uma possibilidade humana eminente, uma possibilidade *ética*? Já se sabe, pelas diferenciações no espaço e no tempo induzidas pelo trabalho, ou, dito de outro modo, pela estruturação do campo prático e pela sequenciação da ação, que uma abertura de possíveis e de liberdade imiscuem-se no esforço propriamente humano de reprodução do organismo. Também vimos que o modo de reprodução do organismo em dado estágio de seu desenvolvimento, o estado historicamente determinado dos utensílios e das técnicas, delimita essa abertura de possíveis e confere um conteúdo a essa liberdade prática. Contudo, por que tal determinação do possível pelo inerte toma outra vez a forma "*homem*", a forma de um ideal de humanidade completa que seria preciso "realizar" custe o que custar? Ao se dar essa *possibilidade-homem-a-realizar* como origem do momento especificamente ético, como a alavanca desta passagem para a norma ou para os valores, a respeito da qual Sartre observava com razão, no Instituto Gramsci, que ela faltava ao marxismo, ele postula, por sua vez, justamente aquilo que deve ser explicado: o fato de que o trabalho efetuado por meio de instrumentos e técnicas toma a forma não apenas de uma submissão às exigências da matéria, mas de um ideal de humanidade que transfigura os papéis sociais ou profissionais, transforma os atos necessários para alcançar o objetivo de sobrevivência em *finalidade em si*, em norma, em Valor. Reencontra-se nisso o que poderia ser chamado de aporia da Origem (seguindo Foucault) ou de circularidade do transcendental (seguindo Deleuze): como se dar um fundamento que já não se pareça com aquilo que funda?

A dimensão paradoxal da ética, ou a inversão da moral kantiana

Para compreender como Sartre logra sair dessa dificuldade, cabe enfatizar uma nova questão que alicerça sua análise.

Não mais o confronto, fugaz, porém explícito, com o marxismo, e sim o confronto, desta feita implícito, com outro alvo-mor constante em Sartre, a saber, Kant – o Kant da *Crítica da razão prática*, com seu dualismo entre ética e sensibilidade, com sua moral abstrata, formal, e com o triunfo do imperativo categórico. Para ser mais preciso, o confronto com Kant adota a forma de três réplicas sucessivas, que, a bem dizer a verdade, não o alvejam nominalmente, porém derrubam a moral kantiana de uma maneira demasiado sistemática para não ser proposital.

Sartre opõe-se primeiro ao formalismo de Kant, e notadamente à ideia de que cada um deve sempre tratar o outro como um fim e jamais como um meio, como se se devesse respeitar, em todo homem, o homem em geral. Como Marx, Sartre encontra-se na esteira da declaração de Joseph de Maistre, em suas *Considerações sobre a França*: "Pois bem, não existe homem no mundo. Vi, na minha vida, franceses, italianos, russos etc.; até sei, graças a Montesquieu, que se pode ser persa: mas quanto ao homem, declaro nunca tê-lo encontrado em minha vida; se ele existe, é sem o meu conhecimento". Ninguém é capaz de pretender ser homem em geral, homem no sentido universal, o que constitui uma primeira réplica ao formalismo kantiano, segundo o qual "a regra [moral] só é objetiva e só tem um valor universal se ela é válida sem nenhuma das condições subjetivas e acidentais que distinguem um ser razoável de outro" (Kant, 1976: 19). Para Sartre, a observância de uma regra moral objetiva ou universal é desprovida de sentido: a dimensão ética surge *precisamente* quando, no seio de um sistema de produção *bem definido*, historicamente constituído, "uma essência definida pela coisa trabalhada propõe-se ao animal humano enquanto essência prática *de homem* a realizar pelo envolvimento dos conjuntos técnicos que estão a seu dispor" nesse sistema factualmente determinado (f. 86). A ética aparece quando um sistema econômico *particular* se propõe como o meio de realizar a essência *universal* do homem, sua "essência prática": como vimos, o momento do universal é o da idealização que se desdobra *a partir* de um condicionamento prático-inerte determinado; o universal é uma declinação do particular, e não o inverso.

Essa primeira réplica a Kant gera uma segunda réplica: a realização da essência universal do homem passa pela execução de um ofício, de um estatuto ou de um papel social a ser definido pela organização coletiva do trabalho que garante, aqui e agora, a reprodução da espécie. Sartre revira Kant às avessas, como uma luva: ele ancora a ética na esfera da necessidade, na satisfação das expectativas do organismo, na busca egoísta dos meios de garantir a nossa sobrevivência e o nosso prazer, isto é, naquilo que Kant chama de esfera da heteronomia, a esfera fenomênica e não a numênica, na esfera que impede o acesso à pura moralidade já que, pelo simples fato de *também* sermos animais, seres de desejo e necessidade, nunca poderemos pretender fazer-nos de anjos, nem pretender respeitar a lei moral por si mesma, ou aceder ao nível da santidade (Kant, 1976: 88). Enquanto Kant (1976: 33) rechaça a esfera da necessidade para fora da ética, num gesto de ruptura dualista radical – "O princípio único da moralidade consiste na independência em relação a toda matéria da lei (isto é, em relação a um objeto desejado)" –, Sartre insere a ética na esfera da necessidade, como uma de suas modulações internas.

Essa segunda réplica a Kant envolve uma terceira réplica: o desvio pelo particular para realizar o universal tem por efeito que a ética não é o momento da autonomia, como em Kant, a matriz da liberdade numênica, mas, ao contrário, o lugar de uma profunda *alienação*. A ética radica-se no prático-inerte: trata-se da retomada na interioridade, sob a forma de um ideal de humanidade, de um conjunto de exigências, interesses e modalidades prático-inertes próprias de dado sistema de produção, que, portanto, são alienantes, negam *de fato* a autonomia do sujeito, isso por, no mínimo, três razões.

Primeira razão: os papéis sociais – e, portanto, os ideais – propostos ao indivíduo são estritamente limitados; um sistema de reprodução determinado não é capaz de propor senão os papéis inerentes a este sistema. Segunda razão: no seio do sistema, não estão sendo oferecidos a cada um todos os papéis disponíveis; toda uma série de dispositivos – a família, a escola, os detentores dos cargos de trabalho, o Estado... – filtra as possibilidades concretamente acessíveis aos indivíduos de acordo com as suas respectivas posições dentro do sistema. Terceira razão: uma vez lançado em um caminho (fazer-se burguês, tornar-se operário, lavrador, padre...), o indivíduo tem de levar em conta as obrigações e os pontos de passagem próprios à sua vocação, os códigos a ela inerentes. Ao contrário de Kant, que faz da moralidade o lugar da autonomia, a livre escolha de uma regra que não deve nada ao entrelaço das necessidades, dos desejos e interesses, a ética segundo Sartre é fundamentalmente alienação, interiorização de uma série de coerções sociais, de uma "predestinação", como ele dirá acerca de Flaubert, indivíduo "fadado à passividade" (Sartre, 1976: 98) – no entanto, já era o caso do pequeno Poulou ante a literatura em *As palavras*, de Guilherme II ante o seu papel de imperador nos *Diários de uma guerra estranha*, e até mesmo, numa certa medida, de Lucien Fleurier em *A infância de um chefe*... Hesitante no início, e até mesmo negada no texto de *A transcendência do ego*, no qual a liberdade afirma-se *ex nihilo*, a tese torna-se constante em Sartre a partir dos anos 1950: sob formas diretas ou indiretas, o indivíduo implica-se num subsistema particular em direção ao qual seus pais e toda uma série de outros vetores o guiaram:

> Primeiramente, o agente prático não é o fundamento de si mesmo: ele é o filho do homem. Ele se *reproduz* e *não se produz*. Isso significa que ele foi constituído com um futuro prático-inerte (de proprietário, de colono, de lavrador futuro operário), o qual depende, ele mesmo, de um passado humano de que ele não é a fonte. (f. 86)

Melhor dizendo, Sartre não tenta mais colocar o reino da liberdade no fundamento de sua doutrina do social, conforme fazia em *O ser e o nada*. Doravante, ele entende o peso da necessidade orgânica, da pressão familiar e das inércias socioeconômicas, ao ponto de ele redefinir completamente o homem no seguinte trecho, que resume perfeitamente o seu pensamento:

> ... o animal humano [...] empurrado por um amontoado de necessidades e pulsões, elas próprias condicionadas pelo prático-inerte, [...] interioriza como sua tarefa e assume, ao re-produzi-la, um certo objeto futuro definido pelos outros mediante a matéria como o ser humano... (f. 86)

Tornar-se um homem, para retomar essa fórmula que conheceu tantas versões na história do pensamento, não é senão dar-se uma "tarefa" que constitui uma maneira, socialmente valorizada e alicerçada na necessidade de sobreviver, de realizar a essência da humanidade.

Posto isso, de que forma esse contraste sistemático em relação a Kant permite resolver o problema acima levantado, a saber, a necessidade de discernir, na origem da ética, um fundamento que já não seja de cunho ético, da aspiração a um ideal de humanidade, isso para que a derivação da ética seja genuinamente *materialista*? A frase que acabamos de citar, e que, à primeira vista, parece com aquela em que a aspiração a um ideal humano ainda desempenhava a função de *deus ex machina*, fornece o princípio da solução: esse "objeto futuro" que é preciso realizar, esse ser humano completo que é mister vir-a-ser, está sendo "definido pelos outros mediante a matéria".

O momento da ética é, portanto, efetivamente o da alienação, inclusive no que concerne à aspiração a alcançar um ideal de humanidade. São as exigências da matéria, da técnica e do sistema de produção que, à imagem das qualidades excepcionais que os operários têm de manifestar ao trabalharem com a máquina universal, fazem de um ofício e de seus imperativos uma "essência prática de *homem* a realizar pelo envolvimento dos conjuntos técnicos que estão a seu dispor" (f. 86). A alienação não diz apenas respeito ao conteúdo, ao papel ou ao ideal a cumprir, *como também ao teor de idealidade*: cumprir um papel profissional ou social para sobreviver, para merecer o seu lugar na sociedade, é marcar um compromisso consigo mesmo no futuro, ver-se desafiado, não se contentar com os atos que já foram efetuados, e ter de se superar, é responder a expectativas e, portanto, dar-se um fim, é esforçar-se para ser o seu próprio fundamento, trocando em miúdos, *é aceitar um dever-ser ou um dever-fazer* definido pelo complexo prático-inerte da hora, é "interiorizar" e "assumir re-produzindo", repetindo, dia após dia, a "tarefa" determinada pela posição que se ocupa em uma dada sociedade. Realizar uma essência de humanidade equivale a paramentar de liberdade a necessidade, a transcender-se rumo a um ser alienado, a pôr uma essência particular como um Valor, isto é, simultaneamente, um apelo à autonomia e um vetor de objetivação: "[...] o valor se dá como um *ser para além do ser e, por isso mesmo, ele foge à inércia* [do simples] imperativo. Porém, ele se apresenta junto com o seu conteúdo, ou seja, com uma certa *opacidade* indissolúvel: nisto [...] reside a sua inércia própria" (Sartre, 2005: 314). Aliás, Sartre já nos avisara a esse respeito, numa das primeiras frases de seu desenvolvimento do *folder* 59, cujo sentido pleno aparece neste trecho: "Não existe, porém, ética senão enquanto *cultural* – ela não aparece sem que o animal humano tenha-se tornado o seu próprio objeto" (f. 83).

Decerto, um elemento parece ainda fugir ao caráter materialista dessa derivação, a saber, a dimensão da liberdade prática, a evidência vivida segundo a qual cada um pode "constantemente reinventar os meios de viver", segundo a qual cada um sabe ser uma fonte de possíveis, um "além de todo prático-inerte", uma autoafirmação (f. 87). Entretanto, à diferença daquilo que ocorria em *O ser e o nada*, aqui Sartre não deriva a abertura do possível, a autoafirmação da liberdade das características da consciência ou do para-si, mas da maneira segundo a qual o organismo humano reorganiza seu tempo e ambiente para satisfazer as suas necessidades de modo diferido, colocando sua confiança em empreitadas e instrumentos (caça, colheita, fogo, utensílios...). Se o homem se torna "a sua própria possibilidade", é "dando-se como fim essa reprodução de si mesmo" (f. 84), de sorte que a possibilidade se vê indexada na corporeidade: o fim perseguido não é um ideal requintado tal qual o em-si-para-si, e sim aquilo que realiza "a unidade dos meios" destinados a propiciar a sobrevivência (f. 85). Como na *Crítica da razão dialética*, a liberdade é originariamente *prática*, o que invalida outra vez a tese de Aron sobre as relações entre a *Crítica* e *O ser e o nada*. É por isso, sem hiato, que a liberdade do agente se torna "uma atividade controlada por normas": ocorre assim em razão do mero fato de que o agente prático "nasce num conjunto social estruturado em que os instrumentos de trabalho já são dados e [...] orientam a práxis em direção a certo futuro limitado". Sobre tais bases, todo um adestramento leva o homem a tomar *por sua própria possibilidade*, por uma livre superação do prático-inerte, sua projeção rumo a um futuro, rumo a uma essência de humanidade, *que na realidade não é senão* a realização dos ditames do prático-inerte: o agente se joga em direção a um possível que ele acredita fazer seu, porquanto a sua liberdade prática o ilude quanto à natureza de seu futuro. Por sua autoafirmação, por sua vontade de viver e de superar a sua condição precária, o sujeito mobiliza a sua liberdade em prol de uma essência socialmente definida: ele reconduz "o além de todo prático-inerte" *ao próprio prático-inerte*, ele se faz ser um homem capaz de trabalhar, de se tornar um operário de destaque, um proprietário ou um lavrador, com a ética profissional e social que isso supõe (f. 87).

"Assim, o homem a reproduzir, em dado conjunto social, define-se por meio de seu trabalho como conjunto de traços, de características *de fato*, que aparecem ao mesmo tempo como possibilidades – isto é, *tarefas a cumprir*" que providenciam a reprodução do sistema de produção porque elas decorrem dos utensílios empregados e das relações humanas que se organizam em torno desses utensílios (f. 84-85). Daí a conclusão desiludida que Sartre tira ao encerrar essa demonstração:

> Vê-se a contradição – origem do paradoxo moral – e seu sentido: a possibilidade incondicional de reproduzir-se, isto é, inventar um remanejamento do campo prático-inerte, é captada pelo sistema e retorna ao agente prático como possibilidade incondicional de se produzir homem pela manutenção, custe o que custar, do campo e do sistema. (f. 87-88)

Enfatizou-se acima o fato de que tal gênese da ética coloca Sartre aos antípodas do kantismo. Porém, é preciso acrescentar que, sobre dois pontos, Sartre vai ao encontro da moral de Kant. Primeiro, pelo vínculo travado entre a ética e a liberdade: querer, custe o que custar, reproduzir-se, e, para tanto, inventar um remanejamento do campo prático, é executar sua ação a partir do futuro, atribuir suas determinações ao passado para se fazer ser pelo próprio ato, é colocar o futuro como restando *a fazer*, e, portanto, como objeto da liberdade. Em seguida, porque a ética tal como Sartre a analisa compartilha com a moral kantiana a sua dimensão normativa, propriamente categórica. Noutras palavras, não se trata de reconduzir isso tudo até um imperativo *hipotético* segundo o qual dada ética ou outra seria simplesmente o preço a se pagar, quiçá o papel a viver em toda a superficialidade para abraçar dado ofício, ou para ganhar seu sustento de dada maneira. O "homem pré-fabricado" que resulta dessa gênese (f. 86) está, muito pelo contrário, impregnado até a medula pelas normas morais às quais ele adere e cujos imperativos tornam-se *seus* imperativos. Todavia – e aqui a distância com Kant se acentua de novo –, essa dimensão normativa, caso se veja retomada por conta própria pela ética (que a reivindica e a teoriza sob a forma de um dever-ser), procede, segundo Sartre, de um empréstimo, ou de uma dupla derivação, que é sintomática de seu materialismo dos anos 1960: derivação a partir da "exigência cega de viver", que não afrouxa nunca sua constrição (f. 87), e a partir da "coisa trabalhada" (f. 88), que faz valer as suas exigências, com toda a inércia que carrega consigo. Daí o que Sartre chama aqui de "paradoxo moral" ou, alhures, de "paradoxo ético":[10] o agente prático que erige sua vontade de viver em princípio incondicionado, que faz do futuro um absoluto, norteia sua liberdade de agir em função das experiências inerentes às técnicas próprias da sociedade em que está jogado, isto é, determina seu futuro a partir de seu passado. Mais precisamente, no texto que estudamos, o paradoxo moral *consiste em passar de um incondicional a outro incondicional*: da afirmação do direito incondicional do organismo a garantir a sua reprodução à interiorização de uma norma prático-inerte vivida como Valor, como doutrina rígida impondo deveres incondicionais àquele que a interiorizou e que, ao fazer de si o suporte dela, busca "se produzir homem pela manutenção, custe o que custar, do campo e do sistema" que implementaram tal norma em sua mente.

A inércia da ética, sua abrangência alienante, ao ver de Sartre, reencontra, assim, sem romper com as suas constantes críticas de Kant, o caráter categórico da moralidade kantiana, seu caráter de *obrigação*, fonte de um duplo sentimento de dor e respeito por parte do agente prático face às exigências, ao mesmo tempo, inacessíveis e imperativas da lei moral (cf. Kant, 1976: 76-77). Assim, na contramão de sua própria equação entre a lei moral e a liberdade numênica, Kant adentra no grande circuito do inerte, da difusão sem limite, como que por capilaridade, da inércia própria à matéria e à técnica nos registros de atividade aparentemente mais precavidos contra o risco de alienação: o da luta pela emancipação, junto aos anarcossindicalistas; o da auto-organização sintética de um grupo lançado em uma práxis comum, junto à porção de inércia das estruturas tais como Sartre as entende na *Crítica da razão dialética*;[11] o da lógica, junto com o princípio de não contradição imposto, na *Lenda da verdade*, por um preboste dos comerciantes (Sartre, 1970a: 535-536); ou aquele, entre outros exemplos, ainda, da ética no manuscrito Cornell...

Confrontação com o marxismo: introdução ao direito de propriedade

Até aqui, apenas esboçamos os pontos de contato com o marxismo, sem abordar frontalmente o fato de que a ética poderia ser tida como uma superestrutura, conforme aponta o título desse desenvolvimento do manuscrito Cornell. Da mesma forma, postergamos a análise do exemplo sartriano do direito de propriedade, ao passo que ele deve poder servir de pedra de toque para a contestação da noção de superestrutura e para a inscrição da ética no registro da própria vida material. Esse exemplo deve nos permitir averiguar se realmente Sartre, nesse trecho do *folder* 59, almeja lançar mão simultaneamente de um gesto *marxista*, aproximando a ética da ideologia, ao ligá-los de forma semelhante à luta dos homens contra a natureza para garantir a sua sobrevivência, e de um gesto *antimarxista*, ao fazer ambas descerem do nível das superestruturas em direção ao da infraestrutura.

O ponto "B)" do *folder* 59 ainda impõe outros motivos para nos determos neste exemplo. Com efeito, o raciocínio que acabamos de explicitar está longe de eliminar todas as dificuldades inerentes a uma derivação materialista da ética. Três delas, em particular, remetem ao papel central que

Sartre confere às éticas ligadas ao exercício de um ofício ou de um papel social. Sem sequer abordarmos a questão dos demais tipos de ideologia, como a religião, a equação estabelecida entre ética e vida socioprofissional convida a retornar contra Sartre a própria réplica que endereça ao marxismo ortodoxo em *Questões de método*: pode-se inquietar com o fato de ver Sartre negligenciar a infância, e somente colocar o indivíduo em contato com uma ética no momento em que ele abraça um ofício.[12] Essa primeira dificuldade sugere outra: como ter certeza de que, aqui, Sartre trata de verdadeiras *éticas*, de normas de comportamento, de regras que inclinam o pensamento e a ação em nome de um ideal eminente de humanidade, em vez de meros gestos práticos ou de rumos do raciocínio indexados na prática de um ofício? Essa segunda dificuldade, enfim, gera mais uma: como tais regras dependentes de um setor do prático-inerte, de um elemento do sistema socioeconômico próprio duma dada sociedade, podem ser respeitadas para além do estreito círculo dos agentes práticos pertencentes a esse setor social ou produtivo? Como essas normas podem impor-se a quem não participa delas, e que poderiam ver nelas, seja puros pretextos destinados a justificar uma posição de classe, seja simples tradições profissionais que só interessam aos iniciados? Supondo que a pretensão de Sartre, neste ponto, em falar de ética esteja fundada, resta-lhe mostrar como as normas, cuja gênese foi delineada por ele, podem compor um ideal que pesa tanto sobre os grupos que aderem a ele, quanto sobre os grupos que o suportam, o contestam ou, simplesmente, seguem indiferentes a ele em razão de sua inscrição num setor totalmente diferente do mesmo sistema socioeconômico.

Além dessas questões deixadas em aberto, nesse estágio, pelo texto que escolhemos abordar, no seio do manuscrito

Cornell, este último texto deve permitir resolver um problema ao qual ainda não respondemos *in concreto*: será que Sartre pode mostrar que a sua gênese material da ética evita o cinismo inerente à visão *funcionalista* das ideologias no marxismo? Ao falarmos, aqui, de funcionalismo, visamos à vertente da teoria de Marx e Engels segundo a qual os ideólogos "ativos e conceptivos", conforme *A ideologia alemã* os chama, produzem precisamente as ideias de que uma classe social precisa para defender seus interesses ou para firmar sua dominação (Marx; Engels, 1982: 1081). Sartre é capaz de reconhecer o alcance legitimador de uma ética, a sua contribuição para a defesa da ordem vigente, sem fazer dela um instrumento destinado a assumir essa defesa? Essa questão impõe-se, uma vez que frisamos a vontade sartriana de respeitar a natureza própria da ética, seu alcance ideal. Ora, um tal alcance exige que a adesão às normas éticas proceda de uma *sinceridade* real. Se essa condição não fosse satisfeita, a ética tornar-se-ia uma simples ideologia no sentido do marxismo ortodoxo, um instrumento de dominação cuja eficácia dependeria dos meios de propaganda de que as classes dominantes dispõem para impô-lo ao conjunto da sociedade.

Desde o seu artigo de 1927 sobre "A teoria do Estado no pensamento francês contemporâneo", Sartre afastou-se do sociologismo quando se recusou a reconduzir as normas morais até as regras sociais, e a alinhar o dever-ser ao ser. Ele não pode, portanto, aproximar a ética da ideologia, como ele faz no manuscrito Cornell, para, afinal, reduzir a primeira à segunda: por mais estranho que pareça, ele não pode uni-las senão *para elevar a ideologia até a altura da ética*. O meio predileto para efetuar uma tal operação é o estudo do direito de propriedade, que permite a Sartre responder ao conjunto das perguntas que acabamos de levantar.

Os paradoxos do direito de propriedade

Uma das contribuições do marxismo é ter mostrado a que ponto as majestosas elaborações filosóficas do direito de propriedade, dentre as quais a de Locke permanece a mais eloquente, nascem e desenvolvem-se ao longo da ascensão da burguesia, ascensão essa que suscita uma nova teoria da natureza humana e da relação entre os homens, muito diversa da Igreja, e que funda racionalmente a acumulação individual da propriedade. Para o marxismo, o direito de propriedade é um exemplo cabal do caráter mistificador e superestrutural das ideologias, cujo objetivo é servir interesses de classe.

No manuscrito Cornell, ao contrário, o exemplo do direito de propriedade se vê mobilizado por Sartre a fim de recusar a noção de superestrutura e colocar as ideias ao nível das coisas, nas relações antepredicativas, meramente práticas, do homem com a materialidade. Sartre desenvolve esse ponto mostrando como vivem os notáveis do interior do país do fim do Antigo Regime até o século XIX. Considerando que a sua exposição é amiúde alusiva, e sendo que ela perpassa várias folhas mal coordenadas entre si, daremos uma primeira amostra dela, procedendo a uma montagem dos f. 88 e 92:

> Proprietário fundiário, filho e pai de proprietário, defino o homem como proprietário, isto é, pela propriedade fundiária. Faço-me homem ao me produzir proprietário e irei defender o humano – até a morte, talvez – defendendo a minha propriedade. / Um homem está por se fazer, para [o filho de proprietário] isso quer dizer: o patrimônio exige ser aumentado – ao preço de um casamento por interesse etc. Isso quer dizer também (Constituinte): o homem se define pela inteligência, pela ponderação, pela ousadia e

pela prudência de que se necessita justamente para conservar e aumentar os bens. Sacrifícios consentidos, tradições conservadas, honra (isto é, livre assunção do regime familiar imposto).

Esses primeiros trechos ilustram a teoria monista e antifuncionalista das ideologias em Sartre, a sua alternativa ao marxismo. Ser proprietário não é se alicerçar em uma teoria superestrutural, o direito de propriedade, que seria construída por especialistas das ideias, por ideólogos profissionais que legitimariam no pensamento os privilégios da burguesia fundiária, a fim de permitir-lhe gozar tranquilamente de seus bens. Ser proprietário, e sê-lo de maneira legítima aos olhos alheios como aos seus próprios, é, pelo contrário, *dedicar-se* à sua propriedade, que não se vê justificada por ideias, e sim por atos. Para Sartre, o proprietário fundiário não pode se alicerçar sobre as ideias de sua classe social: não é o direito de propriedade que o legitima enquanto proprietário; é, pelo contrário, o fato de ele se produzir a si mesmo como proprietário, de ele se portar *como proprietário* em todos os gestos de sua vida cotidiana, que lhe confere um direito à propriedade.[13] O proprietário é aquele que aceita definir o homem em geral, e, portanto, aceita *se* definir "como proprietário, isto é, pela propriedade fundiária". Por conseguinte, ele é aquele que, duplamente, *se aliena* à sua propriedade: ele busca o seu ser na sua propriedade, ele "se faz homem ao se produzir proprietário"; ele aceita dedicar a sua vida à defesa de sua propriedade – "até a morte, talvez", ressalta Sartre – porque ele colocou o seu ser em suas riquezas fundiárias, porque ele colocou o seu Bem em seus bens.

Portanto, a mentalidade específica do proprietário não consiste primordialmente, como quer o marxismo, em arrogar-se um direito sobre as suas propriedades: ela consiste, em vez disso, em deixar as suas propriedades adquirirem um direito sobre ele. Ser proprietário, insiste Sartre no f. 92, é deixar a propriedade impor a sua lei. É admitir, por exemplo, que o patrimônio exige permanentemente ser aumentado para garantir a sua consolidação, e que é preciso pagar pessoalmente para satisfazer tal exigência. O proprietário se faz proprietário pela sua propriedade, isto é, pagando-a por meio de um casamento arranjado, por exemplo, ou por meio de "sacrifícios consentidos" – a poupança que é preciso constituir, os cuidados que se devem dedicar a seus bens, a segurança que se deve propiciar a eles... –, ou, ainda, submetendo-se a tradições rançosas, "conservadas", quais a etiqueta e a posição que convém manter para permanecer à altura da própria riqueza, ou, de modo mais geral, o código de honra próprio da burguesia fundiária. Ser um proprietário portador de um direito de propriedade é, segundo resume Sartre, ser "filho e pai de proprietário", isto é, um elo obrigatório em uma corrente na qual se é projetado, à qual se submete – como os filhos de burgueses se submetiam ao *pater familias* no século XIX –, e que se perpetua, por sua vez, em se engendrando, para servir como herdeiro legítimo, um filho (macho, de preferência) nascido de uma mulher que não terá sido desposada por amor, e sim para assegurar a recondução do patrimônio familiar. Como Sartre acrescenta no final do breve trecho do f. 92, que acabamos de comentar, ser proprietário não é um privilégio: é a "livre assunção do regime familiar" imposta pelo fato de ter nascido numa família de proprietários – de sorte que a obrigação que se exerce neste caso possui duas fontes constantes: "presente da coisa operada, passado das intenções paternais" (f. 86).

Sejamos diretos: nisso tudo, há algo como a constituição de uma ideologia da propriedade, que irá permitir aos burgueses defenderem os seus bens contra aqueles que contestariam o seu direito de gozar deles. Porém, o que é marcante, nesse trecho como em outros que estamos prestes a abordar, é o fato de que Sartre não descreve *o nascimento de uma teoria justificadora*, de uma ideologia que legitimaria os privilégios dos proprietários, coagindo os não proprietários ao respeito, e sim, ao contrário, a imposição de normas *que vigoram para os proprietários mesmos*, "o que equivale a dizer que o homem como livre potência de remanejar a coisa é sempre definido através da coisa trabalhada e por ela" (f. 88). Quando desenvolve a noção de propriedade, Sartre não descreve uma ideologia que carrega interesses de classe: ele descreve uma norma no sentido ético da palavra, um dever-ser, um ideal de humanidade realizada que pesa não apenas sobre os grupos que a ele aderem, como também sobre os grupos que padecem dele ou o contestam. Esse é o sentido, no trecho do f. 92 acima citado, da referência às teorias vigentes durante a Assembleia Constituinte, e que desembocarão na recusa em aplicar a Constituição de 1793 e, em particular, a universalidade do direito de voto. Para a Constituinte, escreve Sartre, "o homem se define pela inteligência, pela ponderação, pela ousadia e pela prudência que são necessárias justamente para conservar e aumentar os bens" – o que permite, e até impõe, uma forma de privar de direitos políticos aqueles que, não sendo proprietários, são desprovidos dessas características, já que não possuem bens que lhes permitam cultivar as qualidades de boa gestão.

Mais uma vez, Sartre não se ilude: ele bem sabe que a ética, o ideal de humanidade configurado pela propriedade e que pesa sobre os ombros dos proprietários como um destino e uma obrigação, constitui uma proteção contra a contestação, uma muralha para a defesa de certos privilégios. Mesmo assim, contudo, *não se pode reconduzir essa ética até essa ideologia*, como se esta fosse o segredo daquela, seu vetor real subjacente. Sartre se expressa com clareza absoluta a esse respeito no f. 91, em um trecho que vamos dividir em duas partes para citá-lo:

> ... seria absurdo considerar a ética como um disfarce dos interesses, um epifenômeno ou uma simples superestrutura, reflexo das infraestruturas e que não desempenharia papel algum nas *motivações* do agente histórico.

Com essa simples frase, Sartre recusa a *primeira vertente* da teoria marxista das ideologias, a vertente que qualificamos acima de cínica ou de funcionalista. A ética não se limita a fornecer uma ideologia justificadora da propriedade, que não mudaria nada nas motivações dos proprietários, e permitir-lhes-ia simplesmente gozar de seus bens numa completa tranquilidade. Sartre ainda é mais taxativo na seguinte frase, que replica o marxismo de maneira radical:

> Na verdade, a ética, ao nível das classes dominantes, não pode ser, como foi aventado, uma justificação das instituições. Essas palavras mesmas contêm uma petição de princípio: para que as instituições mantidas pela força pública necessitem de uma *justificação*, é preciso que a ética seja uma realidade fundamental.

Seria difícil ser mais claro: por princípio, mesmo quando ela favorece as classes dominantes, a ética não pode ser dissolvida na ideologia. Ao contrário do marxismo que classifica a ética ao lado do direito, da política e da religião, para fazer dela um modo de defesa de privilégios de classe, para

Sartre o dever-ser não é uma declinação do ter – e isso, pela razão muito simples, e eminentemente fenomenológica, de que um privilégio ou uma propriedade não precisam de justificação, a não ser que a humanidade *já tenha adentrado no regime específico da ética*, o qual é o único que permite contestar um ideal de humanidade em nome de outro ideal de humanidade.

Sobre tais bases, para Sartre – e agora chegamos a outros trechos do f. 92 –, a ética da propriedade não é produzida pelos interesses materiais dos proprietários, isto é, pela classe dominante: "Ela é, fundamentalmente, a maneira de a classe dominante *viver os seus interesses*". Conforme vimos, ser proprietário é alienar-se em prol de sua propriedade, é fazê-la prevalecer a qualquer outra consideração; mas também é ver nela a possibilidade de realizar seu ser mais próprio, de alcançar um ideal de humanidade. Sartre, desta feita, confronta a *segunda vertente* da teoria marxista das ideologias, a afirmação segundo a qual os ideólogos se mistificam a si mesmos ao acreditarem na potência realizadora das ideias, ao passo que estas não passam do reflexo inconsistente da infraestrutura. Depois de outros, iremos qualificar esta segunda vertente de *causalista* na medida em que, nesse segmento de *A ideologia alemã*, Marx e Engels mostram que os ideólogos se enganam quando acreditam na autonomia e na potência formadora das ideias, enquanto estas não são senão sublimações da atividade material dos homens.[14] Nesse âmbito, Marx e Engels multiplicam os termos que sugerem a vacuidade das produções dos ideólogos: aparência, abstração, máscara, teatro, sublimação, fantasmagoria, reflexo, ficção, fetichismo, ilusão... Ora, enfatiza Sartre, a ética não é uma simples "aparência", mas uma "estrutura real", consistente e dotada de efeitos normativos. Sob o domínio dos preceitos paternais, que constituem um verdadeiro Superego, escreve Sartre, "o filho de proprietário concebe a sua alienação à propriedade [...] como um porvir a realizar pela sua livre práxis, isto é, como uma norma". Ele *deve* manter os seus bens no dia a dia, ele *deve* zelar pelo seu aumento; ele *deve* visitá-los regularmente, ele *deve* manter uma relação individual – essa relação humanizada que impressionara Marx no modelo do senhorio – com os empregados que fazem suas terras frutificarem...

Essas tarefas pacientemente cumpridas no dia a dia "são estruturas reais" da relação de propriedade: elas definem o fato de *ser* proprietário. Em troca, é o conjunto dessas tarefas às quais ele se sacrifica que consagra o direito do proprietário a gozar de seus bens, um direito que se reflete no gozo "ético-estético", "normativo", que o grande proprietário sente quando ele passeia "em meio a *seus* bens" (f. 92). O proprietário se faz homem, cumpre seu ideal ético, por meio de sua propriedade, da qual ele depende e em prol da qual se aliena para alcançar a sua humanidade; mas, por conseguinte, essa propriedade que requer uma atenção constante lhe dá a prova, na sua materialidade mesma, na qualidade de suas terras e prédios, de que ele é digno de ser o que é, isto é, um proprietário.

O direito de propriedade não é, portanto, uma superestrutura que, de fora, viria justificar relações socioeconômicas profundamente desiguais. É, pelo contrário, o exercício concreto dessas relações, tal como Sartre o descreve, que funda o direito de propriedade, que justifica essas desigualdades, segundo um raciocínio contrário àquele do marxismo ortodoxo, um raciocínio mais rigorosamente materialista, estritamente monista. Lá onde *A ideologia alemã* distingue três esferas – o sistema de produção, as relações sociais ligadas a ele e as formas de consciência que delas decorrem –, Sartre as faz fusionar num único plano de realidade, o do sistema de produção material. Se a ética ou a ideologia "não é separável, na classe dominante, dos interesses materiais", ela não constitui, contudo, uma legitimação cultural dos privilégios dos proprietários: "ela não representa nada de acrescentado, mas a relação direta e prática do privilegiado para com os seus privilégios". Ela não é senão essa relação concreta e cotidiana com a propriedade que faz do proprietário um homem plenamente humano – não um homem que duvidaria de seu direito e buscaria justificá-lo de maneira ideológica, mas um homem que vive a si mesmo *de direito* como proprietário porque ele lança mão, dia após dia, de todos os gestos que *o fazem proprietário.*

Isso não significa – nós insistimos nesse ponto, pois a visão funcionalista das ideologias cunhada pelo marxismo ameaça ressurgir aqui – que o proprietário cumpra os gestos que o fazem proprietário *para* justificar a sua propriedade, para defender o seu direito diante dos não proprietários. Um tal procedimento teria a fraqueza de todas as ideologias conformes ao modelo marxista ortodoxo. Derivado de uma situação brutal, a saber, a propriedade privada considerada em sua nudez material, esse procedimento seria incapaz de legitimar essa arbitrariedade; o truque seria deveras grosseiro, ao pedir à ideologia que justificasse o estado de fato de que deriva e cuja irredutível contingência ela não conseguiria camuflar. Como observa Paul Veyne, a ideologia não surtiria mais efeitos se não se alicerçasse na ordem vigente, na obediência já obtida "por um vivido silencioso", pelo "espírito do tempo e o espetáculo de todos os outros" (Veyne, 2007: 229); não é a justificação da ordem social que a sustenta, é a ordem social que sustenta a sua justificação. Porém,

Sartre, que concorda com essa crítica ao marxismo, vai mais longe no sentido de um materialismo monista: como ele enfatiza ao levar o seu raciocínio a cabo, a ideologia só tem eficácia se não se distingue daquilo de que ela constitui a dimensão ética – se ela não é nada além do *sistema mesmo saindo de seus efeitos pelo seu próprio funcionamento*. O privilegiado "*não justifica*" os seus privilégios pela sua ética da propriedade: "são eles que o justificam" (f. 92).

Essa afirmação pode nos deixar perplexos, de sorte que é preciso dar-se os meios para compreendê-la. Sartre a explicita ao abordar o caso da aristocracia feudal. Aqui, novamente, essa classe social não forjou uma ideologia – a superioridade intrínseca dos nobres em relação aos plebeus – para justificar os seus privilégios: são os seus próprios privilégios que "a designam como superior" e fundam, por exemplo, a mitologia do sangue azul (f. 93). São os privilégios de fazer a guerra, de poder dilapidar os seus bens, de mostrar o seu desapego para com o trabalho, de ser coberto de honrarias, que designam a nobreza como visivelmente superior ao povinho e, sobre tais bases, como manifestamente justificada para portar-se como casta dominadora. Da mesma maneira que, em *A náusea*, os habitantes de Bouville ficam impressionados pelos retratos de notáveis reunidos no salão Bordurin-Renaudas do museu municipal, da mesma maneira que Pascal estava sensível à "razão dos efeitos", à força que emanava de um traje de seda ricamente adornado, que o incitava a honrar o homem que o vestia,[15] Sartre sinaliza que os poderosos têm a capacidade de se contentar em aparecer para que o seu ser passe a vigorar. Daí a sua observação sobre o gozo ético-estético do grande proprietário que passeia em suas terras: é *isso*, a sua própria propriedade mesma, em seu esplendor e boa gestão, que lhe dá um *direito* de propriedade. A propriedade funda-se, ela mesma, pela subjugação do proprietário aos seus bens, os quais lhe refletem em troca a imagem lisonjeira que faz dele um Senhor, um notável, alguém importante autorizado a encarar os importunos com desdém. É o exercício da propriedade que funda o direito de propriedade; mas esse exercício, que não é senão "a relação da pessoa com seu interesse", é ao mesmo tempo "alienação da práxis na coisa trabalhada" (f. 92): o proprietário *é* o que ele *tem* porquanto ele se deixa possuir por aquilo que ele possui.

Disso tudo decorrem a normatividade e a sinceridade do direito de propriedade. Esse direito não é um fenômeno superestrutural que sustentaria um dado socioeconômico, mas o cerne da organização socioeconômica mesma, o conjunto das tarefas e prerrogativas que incumbem ao proprietário, tarefas e prerrogativas às quais ele adere intimamente, pois elas constituem o seu ser mesmo – e para as quais, caso necessário, ele se prontifica a morrer e a matar. Dito de outro modo, a *ideologia da propriedade se confunde com a ética do proprietário*, o que permite a Sartre replicar duplamente o marxismo. À teoria funcionalista das ideologias no marxismo, que faz delas um trabalho de justificação deixado aos cuidados dos profissionais da cultura, Sartre responde que as relações socioeconômicas desiguais carregam a sua justificação em si mesmas, que tal justificação estoura na prática e nas coisas, de sorte que ela é prenhe de sinceridade e boa-fé lá onde a teoria marxista[16] suspeita do cinismo dos ideólogos: "O sistema define o homem por intermédio dos privilegiados como sendo aquilo que eles devem realizar pelo uso e pela defesa constante de seus privilégios" (f. 92-93). À segunda vertente, causalista, da teoria marxista das ideologias, Sartre concede que as ideias não têm autonomia em relação ao processo concreto da vida material, porém ele recusa a tese segundo a qual as ideias são desprovidas de influência decisiva. Sob a forma da ética, as ideias consagram a alienação da práxis a seus interesses, elas selam o domínio da materialidade sobre os comportamentos, elas são esse domínio mesmo: "O interesse é a coisa. A práxis está condicionada por ela" (f. 93).

Tal subjugação da práxis pela sua ética, que forma a face sombria de sua sinceridade, impõe que não se deixe iludir por aquilo que ela pode apresentar de edificante. Por exemplo, se consideramos a reação ética da nobreza nos Estados Gerais, notadamente na noite de 4 de agosto.[17] Uma interpretação funcionalista, beirando o cinismo, consistiria em dizer que, se a nobreza aceitou, "a rigor", dar a sua contribuição, ela o fez a fim de não precisar ceder mais. Prova disto seria, de acordo com tal interpretação, o fato de que a nobreza pretendeu agir por generosidade, o que revelaria o seu cálculo: a generosidade é sempre o fato de uma liberdade, que não se deixa coagir; ao abrir mão de alguns privilégios, a nobreza resolveu, portanto, determinar por si mesma a extensão de suas concessões, e evitar assim o reconhecimento de um direito de que o povo poderia se valer e que ameaçaria muito mais profundamente os seus interesses. Quanto a Sartre, ele opõe a essa interpretação cínica a sinceridade da nobreza, que age *efetivamente* "baseando-se em generosidade": deste ponto de vista, a sua motivação é "justa", e é realmente a estrutura *ética* da nobreza, "mais do que os seus interesses", que resiste à ideia de ir mais longe. A ética não é uma ideologia no sentido marxista do termo. Porém, isentar assim a nobreza de um cálculo cínico impõe que reconheçamos, simultaneamente, seu *aprisionamento* em "limites éticos", em um quadro de pensamento que a impede de conceber uma contribuição igualitária, ou de poder admitir que uma lei possa coagir aristocratas. A ética da nobreza não passa de uma "possibilidade reificada tornando-se limite", e por esse motivo portadora de uma "impossibilidade de compreender o ponto de vista do outro" (f. 93). A ética é sincera em proporção à sua alienação; a ética é alienada em proporção à sua sinceridade.

***

Nessas páginas do *folder* 59 do manuscrito Cornell, Sartre vai, portanto, muito mais longe do que o acréscimo ao marxismo ortodoxo que Althusser trouxe com o conceito de sobredeterminação. Ele não se contenta em mostrar, como Althusser, que há uma autonomia relativa e uma eficácia das ideologias, que é preciso reconhecer os seus efeitos retroativos sobre a organização política e material da sociedade, que cabe integrar a força das ideias no âmbito teórico do marxismo. Diversamente de Althusser, Sartre mostra que *a força das ideias não é senão a força das coisas, redobrada* pela força da liberdade que as investe com a sua busca de novos possíveis, de um aprimoramento de sua situação, o que Sartre chama "a posição da práxis como transcendência" (f. 92). Nisso, há, portanto, uma dimensão econômica no sentido freudiano da palavra, que explica a paixão, a energia com as quais a práxis e as ideias se veem investidas, e que se alimenta em três fontes. A precariedade constante do organismo, que confere toda a sua urgência e aspereza ao interesse almejado; a autoposição da práxis "como superação e transcendência", que a leva a dar fins para si mesma; as exigências interiorizadas do prático-inerte, que fazem desses fins uma "realidade possível, mas já existente de fato e limitada", uma aspiração a "realizar o homem" como cumprimento ético da abertura de possíveis (f. 93). Compreende-se, assim, que se possa morrer por ideias, e não apenas de morte lenta.[18]

Tradução de Baptiste Grasset

Notas

1 Conferência cujo texto foi transcrito por Michel Kail a partir de gravações (cf. Sartre, 1993), antes de produzir uma versão definitiva da mesma, estabelecida e prefaciada com Raoul Kirchmayr, e enriquecida das discussões suscitadas pela fala de Sartre no Instituto Gramsci, sob o título: *Qu'est-ce que la subjectivité?* (cf. Sartre, 2013).

2 Essa análise é desenvolvida em: Sartre, 1985: 348-355.

3 Aqui não falaremos dos *Cadernos para uma moral*, redigidos por Sartre em 1947-1948 e publicados postumamente em 1983: neles encontram-se trechos interessantes sobre o tema do valor, da moral e da exigência, os quais, porém, nos afastariam de nosso propósito.

4 Essa conferência havia previamente sido traduzida de forma parcial para o italiano ("Determinazione e libertà": Sartre, 1966b), e havia depois sido retraduzida para o francês sob o título "Détermination et liberté" (Sartre, 1968), versão retomada no apêndice de *Les Écrits de Sartre*, de Contat e Rybalka (Sartre, 1970c: 735-745).

5 Institut des Textes et Manuscrits modernes, laboratório da ENS-CNRS, em Paris.

6 Ver: Sartre, s/d.

7 A parte que veio a público em vida [*anthume*] desse primeiro grande ensaio filosófico de Sartre foi publicada em 1931 na revista *Bifur*, e foi depois reeditada em 1970 no apêndice dos *Écrits de Sartre*, de Michel Contat e Michel Rybalka (Sartre, 1970a: 531-545). Tentamos definir, entre outras coisas mais (Coorebyter, 2005: 175-220), a sua ambição materialista *e* antimarxista (substituindo um monismo ao dualismo infraestrutura/superestrutura).

8 "O possível vem ao mundo pela realidade humana" (Sartre, 1966a: 142).

9 Sartre, ao proceder assim, parece repetir o gesto de uma célebre passagem de *A ideologia alemã* em que Marx e Engels mostram que as ideologias tomam uma forma cada vez mais abstrata e pretendem se valer cada

vez mais do universal. Não trataremos aqui desta aparente proximidade, uma vez que já mostramos alhures o que separa o ponto de vista sartriano do marxista: cf. Coorebyter, 2010: 27-54.

10 Essa é a expressão escolhida na conferência já mencionada sobre "As raízes da ética".

11 "L'organisation comme travail de synthèse des réciprocités médiées: la structure" (Sartre, 1985: 574-598). O título não é da autoria de Sartre e sim da editora; na primeira versão, esse desenvolvimento ocupa as páginas 485-506.

12 Cf. Sartre, 1985: 57: "Os marxistas de hoje só se preocupam com os adultos: lendo eles, poderíamos crer que nascemos na idade em que recebemos o nosso primeiro salário; eles se esqueceram de sua própria infância e tudo ocorre, ao lê-los, como se os homens sentissem a sua alienação e reificação *primeiro em seu próprio trabalho*, enquanto cada um a vive antes, como criança, *no trabalho de seus pais*."

13 Sartre explicita essa consequência no f. 95: "Só *é* proprietário quem *se faz sê-lo*."

14 Cf. notadamente esse trecho famoso: "em toda a ideologia, os homens e suas relações nos aparecem de cabeça para baixo, como em uma *câmera obscura*" (Marx; Engels, 1982: 1056).

15 Cf. Pascal, 1976: fragmentos 315-389 (texto estabelecido por Léon Brunschvicg).

16 Nesse ponto, só discutimos a vulgata marxista, sem pretender alvejar o próprio Marx. Encontra-se em Isabelle Garo uma breve exposição da personalidade do capitalista, que converge com a análise sartriana quanto à submissão do capitalista ao sistema de que ele é ao mesmo tempo, indissoluvelmente, o agente e o produto (Garo, 2001: 168-169).

17 Todas as citações desta alínea provêm do f. 93.

18 As últimas palavras do texto aludem ao refrão do hino pacifista e anarquista "*Mourir pour des idées*", de Georges Brassens. (N. T.)

Referências

ARON, R. *Histoire et dialectique de la violence*. Paris: Gallimard, 1973.

CONTAT, M.; RYBALKA, M. *Les Écrits de Sartre. Chronologie. Bibliographie commentée*. Paris: Gallimard, 1970.

COOREBYTER, V. de. *Sartre avant la phénoménologie. Autour de "La Nausée" et de la "Légende de la vérité"*. Bruxelles: Ousia, 2005.

______. "'Liberté – Égalité': une genèse non marxiste de l'idéologie bourgeoise". *Études sartriennes*, n. 14, 2010, p. 27-54.

GARO, I. *Marx, une critique de la philosophie*. Paris: Seuil, "Points Essais", 2001.

KANT, E. *Critique de la raison pratique*. Paris: PUF, 1976.

MARX, K.; ENGELS, F. "L'Idéologie allemande". In: MARX, K. *Œuvres*, t. III, *Philosophie*. Paris: Gallimard, "Bibliothèque de la Pléiade", 1982.

PASCAL, B. *Pensées*. Paris: Garnier-Flammarion, 1976, texto estabelecido por Léon Brunschvicg.

SARTRE, J.-P. "Matérialisme et révolution". *Situations III*. Paris: Gallimard, 1949 [1946], p. 103-166.

______. *L'Être et le Néant*. Paris: Gallimard, "Bibliothèque des Idées", 1966a.

______. "Determinazione e libertà". *Morale e Società*. Rome: Editori Riuniti/Istituto Gramsci, 1966b, p. 31-41.

______. "Détermination et liberté". *Essais* – "Sartre notre contemporain", n. 2-3, primavera, 1968, p. 109-120.

______. "La Légende de la Vérité". In: CONTAT, M.; RYBALKA, M. *Les Écrits de Sartre. Chronologie. Bibliographie commentée*. Paris: Gallimard, 1970a, p. 531-545.

______. "À propos de l'existentialisme: Mise au point". In: CONTAT, M.; RYBALKA, M. *Les Écrits de Sartre. Chronologie. Bibliographie commentée*. Paris: Gallimard, 1970b, p. 653-658.

______. "Détermination et Liberté". In: CONTAT, M.; RYBALKA, M. *Les Écrits de Sartre. Chronologie. Bibliographie commentée*. Paris: Gallimard, 1970c, p. 735-745.

______. *Situations, X*, Paris: Gallimard, 1976.

______. *Critique de la Raison dialectique* précédé de *Questions de méthode*. Paris: Gallimard, 1985, t. I, *Théorie des ensembles pratiques*.

______. "Marxisme et subjectivité". *Les Temps modernes*, n. 560, mar. 1993, p. 11-39.

______. "Morale et histoire". *Les Temps modernes*, n. 632-634, jul.-out. 2005, p. 268-414.

______. *Qu'est-ce que la subjectivité?* Paris: Les Prairies ordinaires, 2013.

______. *Notes for Lecture on Ethics Prepared for Cornell University, Holograph*. New Haven: Beinecke Library, Yale University. John Gerassi Collection of Jean-Paul Sartre – GEN MSS 441, Box 5, (s/d).

VEYNE, P. *Quand notre monde est devenu chrétien (312-394)*. Paris: Albin Michel, 2007, edição revista e aumentada.

A ética moderna em colapso: por uma crítica da *escolha de ser* da sociedade produtora de mercadorias

Fernando Gastal de Castro

O filme *Don't look up* (2021), embora revestido por toda estética hollywoodiana, revela a verdade de uma sociedade incapaz de encarar seu próprio colapso. Face à catástrofe iminente, seus habitantes continuam a mover-se com o mesmo automatismo de sempre, ignorando a tragédia final que se aproxima e, por isso, incapazes de reverter seu destino. Tal versão cinematográfica revela, em essência, o destino da *escolha de ser* (Sartre, 1966) moderna. O modo de a realidade humana arrancar-se da contingência e constituir seu tempo histórico mostra-se, nesse sentido, permeado por uma inconsciência brutal de si mesma e por um automatismo social destruidor dos fundamentos da vida e da existência.

Este texto não objetiva, desta maneira, discutir o tema da ética no pensamento de Sartre, mas discutir o problema do colapso da ética em nosso tempo histórico nos valendo de categorias da filosofia sartriana. Robert Kurz (2014) sustenta que uma crítica radical à moderna sociedade da mercadoria no século XXI necessita *ir com Marx para além de Marx*. Acreditamos que a mesma fórmula deva ser aplicada a Sartre. O filósofo francês nos legou, ao longo de suas obras, categorias capazes de interrogar e compreender radicalmente a tragédia de nosso tempo histórico. Ir com Sartre para além de Sartre foi, assim, a maneira que encontramos de analisar a situação histórica em que nos encontramos do ponto de vista da totalidade do projeto civilizatório em curso. Pensamos contribuir assim com o desenvolvimento da consciência crítica de nosso tempo, fazendo eco ao grito da cientista Kate Dibiasky:[1] *por favor, olhem para cima*!

O fim-em-si da ética burguesa

A ideia de que na Modernidade é *dever* de cada um aumentar seu *capital* se estabelece como fim-em-si do mundo capitalista, sustenta Weber (1989). Tem-se, nesse sentido, a configuração de um *éthos particular*, um modo de ser que alcança a totalidade do ser social moderno, fundando nossas paixões e nossos interesses.

A primeira coisa que se destaca desta tese weberiana é a característica de um fim-em-si *não humano* como valor-limite a organizar a dialética objetividade-subjetividade em nosso tempo histórico. Um ideal civilizatório substancializado numa *coisa* [o dinheiro] e que carrega em si o fim tautológico de reproduzir-se ao infinito, "de maneira que, na origem do sujeito burguês não está exatamente o empreendedor criativo, mas sim o sujeito desesperado às voltas com as exigências da mercadoria e inserido num mundo no qual não possui nenhum tipo de controle" (Weber, 1989: 50). A sociedade ao totalizar-se, desse modo, pela frieza e pela indiferença do valor econômico representado pela multiplicação infinita do dinheiro, adquire, como bem observa Weber, um dinamismo próprio que escapa a qualquer controle, capaz de colocar as pessoas concretas a seu serviço e não o contrário. Desse ideal-valor hipostasiado em uma *coisa* e, ao mesmo tempo, elevado a um *status* de ente quase autônomo a assombrar os destinos humanos, surgem as afirmações de Marx e Engels quanto à vida social dinamizada pelo *laço frio do interesse*, mergulhada nas *águas gélidas do cálculo egoísta* e nas *meras relações monetárias* (Marx; Engels, 2019).

Marx, num sentido similar a Weber, embora desde o ponto de vista da crítica da economia política, deixa claro também o mesmo valor-limite a mover a moderna sociedade produtora de mercadorias:

> A fórmula geral do capital é D-M-D', isto é, uma soma de valor lançada na circulação para se retirar dela uma soma de valor maior [...] O capitalista não produz a mercadoria por ela mesma, não pelo seu valor de uso ou para o seu consumo pessoal. O produto que realmente interessa ao capitalista não é o próprio produto palpável, mas o excedente de valor do produto sobre o valor do capital nele consumido [...] nunca se deve esquecer que a produção dessa mais-valia – e a transformação de parte da mesma em capital, ou acumulação, que constitui parte integrante dessa produção de mais-valia – é o objetivo imediato e o motivo determinante da produção capitalista. (Marx, 1963b: 1453)

O dinheiro [D] e sua necessidade de acumulação [D'] através da produção e da realização de mercadorias [M] mostra-se, desta maneira, o início e o fim do movimento de totalização da sociedade moderna capitalista. Sua necessidade imanente de autovalorizar-se constitui seu horizonte temporal, o ideal-valor que unifica a práxis de todos, seja do trabalhador assalariado que precisa vender sua força de trabalho ao preço que o mercado lhe paga, seja dos trabalhadores informais que necessitam vender qualquer tipo de serviço ou produtos em troca de míseros centavos, seja das classes médias (pequena burguesia) que intencionam o mérito individual e a ascensão à classe burguesa, seja, enfim, da alta classe burguesa, proprietária urbana ou rural, que trabalha diuturnamente para aumentar suas margens de lucro. Desde a sobrevivência mais brutal até a abundância mais desnecessária, encontramos o mesmo fim-em-si do dinheiro como valor-limite hipostasiado a definir os possíveis da existência concreta.

A crítica marxista tradicional, porém, ao concentrar-se na produção de mais-valor (mais-valia) não percebeu que este fim-em-si que organiza a Modernidade comporta uma outra face necessária, qual seja, o *ideal do esclarecimento* (Adorno; Horkheimer, 1974). A busca pela *liberdade* defendida pela filosofia das luzes como libertação dos grilhões da tradição, da magia e da superstição [o desencantamento do mundo de que fala Weber] forma parte, portanto, do movimento de "autorreflexão positiva do capitalismo" não diferindo da lógica imanente do "sistema produtor de mercadorias" (Kurz, 2010: 43). O fim-em-si tautológico de fazer do dinheiro mais dinheiro é habitado, assim, essencialmente pela teleologia do progresso e vice-versa. A acumulação compulsória de riqueza abstrata na forma de dinheiro representa *progresso* e este somente tem lugar, por sua vez, como desenvolvimento das forças produtivas e domínio técnico da natureza realizado pelo sujeito esclarecido, visando ao fim-em-si tautológico de mais dinheiro. Progredir dessa forma é dominar a natureza selvagem, o caos, a ausência de ordem representada tanto pela vida orgânica como também pelas outras formas de vida social não capitalistas (Echeverria, 2010). A reprodução, portanto, ilimitada de riqueza abstrata, representa dentro do ideário moderno crescimento, desenvolvimento, renovação das forças produtivas, ampliação do mercado de trabalho assalariado, aumento do poder de consumo da massa trabalhadora e das classes médias, modernização do Estado e, enfim, avanço civilizatório. Logo, o domínio progressivo e racional da *desordem natural* ao possuir como intencionalidade fundamental a produção mercantil e sua exigência de fazer do dinheiro mais dinheiro, revela uma orientação do mundo ao progresso técnico com vistas a acumular riqueza abstrata que, por sua vez, objetiva-se como mais progresso técnico numa circularidade sem limite. A ética que totaliza a moderna sociedade capitalista, portanto, é uma ética fetichizada num fim-em-si maquinal, não humano, substancializado na circularidade dinheiro-progresso, a ditar como exterioridade absoluta os rumos da existência humana concreta.

Este ideal-valor coisificado no fim-em-si do dinheiro-progresso faz-se, além disso, um ideal masculino e branco. Masculino pois, conforme Roswitha Scholz, "o todo social não se deixa dividir entre uma parte capitalista e outra parte patriarcal" na medida em que "cada um é o outro do outro" (Scholz, 2019: 337). Logo, o valor-limite do dinheiro em função do qual totaliza-se a sociedade moderna não é neutro em termos de gênero, mostrando-se, de outra feita, constituído pela forma sócio-histórica *masculina*. Dinheiro e progresso representam a força da concorrência, a frieza do cálculo e da racionalidade econômica, o domínio e a conquista do mundo e de novos mercados pela lei, pela força e pela inteligência, a alta performance produtiva, em suma, um conjunto de características que constituem a essência (historicamente constituída) do ser homem. Um ser que necessita de seu Outro relativo (Beauvoir, 1980), qual seja, o ser feminino, vocacionado para o cuidado, para a educação, para a reprodução familiar, em suma, à maternidade, ao casamento e à vida doméstica. Conforme o ideal da ilustração presente em um de seus mais ilustres representantes, temos que:

> O que Sofia sabe mais a fundo, e que lhe fizeram aprender com mais cuidado, são os trabalhos de seu sexo, mesmo aqueles de que não se lembra, como cortar e costurar seus vestidos. Não há trabalho de agulha que não saiba fazer e que não faça com prazer; mas o trabalho que prefere a qualquer outro é o de fazer renda, porque nenhum outro dá atitude mais agradável e em nenhum os dedos se exercitam com mais graça e ligeireza. Dedicou-se também a todas as tarefas do lar. Conhece a cozinha e a copa; sabe os preços dos mantimentos; conhece-lhes as qualidades; sabe muito bem fazer suas contas; serve de mordomo para sua mãe. Feita para ser um dia mãe de família ela própria, governando a casa paterna aprende a governar a dela; é capaz de atender às funções dos criados e sempre o faz de bom grado. (Rousseau, 1992: 473)

Segundo o argumento essencial de Rousseau quanto à distinção entre o "público-masculino" e o "privado-feminino", tem-se que *Emílio* (essência do masculino) deve ser educado para a independência, para o trabalho, o dinheiro, a concorrência, para as tarefas do Estado, da política e para a ciência, enquanto *Sofia* (essência do feminino) para a dependência, a maternidade, o cuidado familiar, as atividades privadas, em suma, para a passividade e a servidão: "a mulher tem mais espírito, o homem mais gênio; a mulher observa, o homem raciocina" (Rousseau, 1992: 463). Em suma, *o valor é o homem* (Scholz, 2019).

Além de masculino, o fim-em-si maquinal do dinheiro-progresso faz-se, também, um ideal branco. Vale neste aspecto considerar que, os peregrinos (*godlies*) – separatistas e puritanos –, ao embarcarem no *Mayflower* em 1620 no porto de Southampton, Inglaterra, em direção ao Novo Mundo (América), projetam construir a nação *Write Anglo-Saxon*

Protestant (Echeverria, 2010). São os *winners*, elegidos por Deus, orientados pelo ideal do trabalho e do progresso, portadores da essência *sacrificial* do Ocidente moderno em gestação, orientados à renúncia do prazer, do desejo e da existência sensível, em prol de um novo mundo de vencedores brancos. Conforme sustenta Echeverria, "a produtividade do trabalho como sintoma da santidade moderna e como manifestação do 'destino' profundo da afirmação nacional passou a incluir, como acompanhante indispensável, a brancura racial e cultural das massas trabalhadoras" (2010: 60). Neste aspecto, destaca-se a lucidez da psicanalista Neuza Santos Souza quando observa que a *descoberta do ser negro* implica a experiência de ter sido massacrado psiquicamente e compelido a expectativas alienadas do modelo branco de identificação como "única possibilidade de ser gente" (Souza, 2021: 46). Sem dúvida, fazem parte ainda do mesmo fundamentalismo identitário os ideais eugênicos da ciência moderna na sua busca obstinada por comprovações empíricas a respeito da superioridade branca, capaz de conduzir o cientista e historiador Stephen Jay Gould a sentenciar, depois de largo exame da abundância de erros e omissões de todos os experimentos conduzidos pelos *experts* europeus e americanos neste âmbito que: "a única coisa que posso perceber é uma convicção *a priori* com relação à hierarquia racial tão poderosa que conseguiu orientar as tabulações num sentido preestabelecido" (Gould, 1985: 59).

É possível concluir, nesse sentido, que a máxima kantiana de que *Aufklärung* como *saída da menoridade* a fim de servir de seu próprio entendimento sem a tutela do outro (Kant, 2011) comporta um ideal-valor que se hipostasia numa universalidade avassaladora de toda particularidade que lhe for estranha. Emancipa-se quem pensa e age conforme as categorias *a priori* da razão universal esclarecida que, conectada ao tempo histórico da qual é expressão, representa a constituição da autodisciplina necessária para a construção de uma sociedade do trabalho e sacrifício do desejo, orientada ao fim-em-si do dinheiro e do progresso, estruturalmente branca e masculina. Adorno (1966) nesse sentido mostra-se preciso ao sustentar que a *ratio* do Ocidente moderno se impõe como sistema único a eliminar – real e logicamente – todas as possibilidades novas e múltiplas de existência humana, estabelecendo o *princípio da identidade* como seu fundamento e valor limite, fazendo a multiplicidade da práxis aprisionar-se aos limites da totalidade do sistema eu-mundo constituído. O ideal-valor, portanto, em função do qual totaliza-se a modernidade capitalista, constitui um sistema fechado que converte toda sorte de possíveis existenciais não idênticos à sua *metafísica real* (Adorno, 1990), eliminando de si tudo o que lhe é heterogêneo. Temos, dessa maneira, uma ética da *identidade absoluta* que, embora seja produto da práxis social, hipostasia o valor como um fim-em-si que se volta contra ela não admitindo relativização. Encontramos assim, na modernidade capitalista, uma *escolha de ser* (Sartre, 1966) que ignora sua própria contingência.

Por fim, tal ética da identidade absoluta é por essência cindida entre o Bem e o Mal. Conforme Vieira Pinto, "nessa perspectiva o mundo se converte em liça, onde se digladiam espíritos contraditórios" e [...] "extirpar da realidade o Mal ao qual se deve tudo quanto de infeliz acontece" (Vieira Pinto, 2020: 181) é uma tarefa dos homens de Bem. De sorte que o ideal de uma identidade absoluta, constituída pelo fim-em-si do dinheiro-progresso significa o Bem vencendo o Mal, fazendo com que este último apareça no horizonte do mundo como relativo [a *maldição do Bem*], ao mesmo tempo que, possuindo uma essência à parte (Sartre, 1952), totalmente distinta que o Bem precisa combater. Enquanto o Bem é o progresso gerando acúmulo de riqueza abstrata convertida em mais progresso sob a égide branca e masculina, o Mal é o *Outro* sobre o qual pesa a projeção do *Outro-que-nós* que nunca poderá ser *como-nós*. O fim-em-si orientado a uma identidade absoluta se pretende, assim, a única forma de ser civilizada, revelando o caráter totalitário da ética moderna e sua impossibilidade de viabilizar uma verdadeira reciprocidade entre projetos de mundo distintos. O *Outro-que-nós* é assim ameaça, risco, corrupção do Bem, aberração anticivilizatória, é o negativo-absoluto, objeto de desprezo, medo, abominação, primitivismo, sub-humanidade e necessidade de extermínio. É a projeção dos *seres honestos* sobre o Outro como necessidade universal de o sistema social fechado reproduzir-se e manter-se idêntico a si mesmo eliminando atrasos, ameaças, perigos de morte.

Nesse sentido, o universalismo abstrato ocidental, conforme sustenta Kurz (2010), é a promessa de tornar *iguais* os seres humanos, os homogeneizando como sujeitos do dinheiro, do sacrifício do trabalho, da concorrência, do progresso, da branquitude, da forma masculina, enfim, do Bem. Ao fim, a ética moderna faz-se, no limite, "o campo de extermínio, a explosão atômica, o bombardeamento em massa. É nisso que consiste o velado denominador comum entre Kant, Hitler, Habermas, entre a ideologia alemã e o pragmatismo americano, a impositiva liberdade dos liberais e o autoritarismo totalitário" (Kurz, 2010: 62).

A totalização *eu-mundo* própria da ética moderna

O ideal-valor hipostasiado no princípio de identidade constituído pelo fim-em-si do dinheiro-progresso totaliza o mundo moderno como *mundo da mercadoria*. A mercadoria, conforme Marx (1963a), constitui-se na forma fundamental da sociedade burguesa. Tal tese marxiana nos ajuda a conceber o tipo de objetividade que se constitui e se estrutura num mundo organizado em função do ideal tautológico do dinheiro-progresso. Forma-se nesse sentido, ao longo da modernização capitalista, uma estrutura prático-inerte mercantil, capaz de reduzir as múltiplas qualidades e inúmeras utilidades e sentidos das coisas e da natureza à identidade do valor [econômico]. Fazer-se forma fundamental da sociedade significa, portanto, que a mercadoria é a unidade vital para que o tecido social moderno se constitua e para que o mundo se faça [este] mundo.

Um casaco, um litro d'água, um celular, um quilo de arroz, uma casa, uma pessoa, um colar de pérola, um livro, um automóvel, um serviço de psicoterapia, uma cirurgia etc. possuem suas qualidades particulares e utilidades submetidas à quantidade universal de seu valor econômico que necessita converter-se na forma de *dinheiro* e *mais dinheiro*. Como é possível um colar de pérola ser mais valioso do que um quilo de arroz dentro de uma sociedade em que a fome é enorme? Como é possível uma cirurgia tornar-se algo inacessível para a grande maioria de doentes que dela necessitam? O campo social estruturado a partir da materialidade prático-inerte da mercadoria tem assim sua razão de ser não na satisfação das necessidades humanas, mas no fim-em-si não humano que governa como lei de ferro incontornável a totalidade social.

A mercadoria como forma essencial da objetividade moderna transforma, portanto, a materialidade múltipla e diversa da natureza orgânica e inorgânica em uma identidade essencialmente mercantil. O circuito da produção de um colar de pérola é constituído por um investimento de capital constante (máquinas, tecnologia etc.) e de capital variável (força de trabalho humana assalariada) e por um tempo despendido em sua produção muito maior, por exemplo, do que o capital e o tempo despendido na produção de um quilo de arroz. E caso a mercadoria arroz encontre no sistema de mercado uma desvalorização econômica substancial, com a queda do valor das *commodities* e a redução das margens de lucro dos agentes empresariais, a lógica imanente da mercadoria impõe medidas drásticas no sentido de salvar o valor econômico das mercadorias em crise, buscando com isso evitar um efeito cascata de desvalorização para o mundo das mercadorias como um todo. O mundo moderno, como fica visível, é um mundo governado pela contrafinalidade do prático-inerte mercantil, com a constituição de forças produtivas movidas pela impessoalidade da técnica e do cálculo econômico, guiadas pela razão instrumental que concebe os fins do sistema como dados de uma vez por todas, concentrando-se em viabilizar com eficiência os meios.

O mundo como *mundo da mercadoria* nos permite compreender, além disso, a essência técnica numa perspectiva bastante distinta daquela advogada pelo ontologismo heideggeriano. O mundo e seus objetos não são puramente *dados*; são, conforme sustenta Vieira Pinto (2020: 75), "antes de tudo, feitos" sendo a "qualidade de feito" incorporada ao objeto pela "soma de trabalho que custou". Logo, a *amanualidade* (Vieira Pinto, 2020), enquanto conexão prática do ser humano com os utensílios que estão à mão pelo ato de fabricá-los e/ou utilizá-los, somente ganha uma dimensão efetivamente concreta quando apreendida pelo imperativo da mercadoria que precisa ser produzida dentro de certo tempo quantitativo preestabelecido, que requer um padrão técnico universal socialmente necessário constituído pela luta concorrencial do mercado mundial e que subordina sua utilidade ao valor de troca vigente. Logo, a forma de *desencobrimento* (Heidegger, 2002) da técnica moderna revela-se pela reprodução ampliada do mundo da mercadoria, no sentido da diminuição progressiva da dimensão *criadora* enquanto *téchné* (Castro, 2020) e da ampliação da dimensão *inerte* (Viera Pinto, 2020). O mundo da mercadoria constitui-se assim como objetividade inerte, definida nos seus meios e fins conforme os padrões tecnológicos vigentes que impõem exigências práticas que governam desde a exterioridade os destinos da práxis. Estamos, nesse sentido, diante de uma organização de mundo na qual a antipráxis (Sartre, 1960) da matéria trabalhada determina os destinos da livre práxis humana, no qual a inércia da fábrica, das instituições totais, do mercado, enfim, da mercadoria como sua forma elementar, constitui uma objetividade que totaliza desde fora os possíveis humanos produzindo uma forma específica de dominação própria ao nosso tempo histórico. Conforme Postone (2014), "o resultado é uma forma nova e crescentemente abstrata de dominação, que sujeita as pessoas a imperativos e coerções estruturais impessoais que não podem ser adequadamente compreendidos em termos de dominação concreta (por exemplo, dominação pessoal ou de grupo)",[...] uma marca do capitalismo, prossegue Postone, "é que as pessoas não controlam sua própria atividade produtiva ou o que produzem, mas são, em última análise, dominadas pelo resultado de sua atividade" (Postone, 2014: 18-46).

Outro aspecto a destacar como constitutivo do *mundo da mercadoria* é a particularidade que a relação entre *fazer* e *ter* adquire. Tais categorias ontológicas indissociáveis e capitais à compreensão da realidade humana (Sartre, 1966) se *entificam* a partir da forma mercantil elementar. O *fazer*, com sua intencionalidade múltipla, se restringe à identidade do *tempo de trabalho socialmente necessário* (Marx, 1963a) da produção mercantil, que transforma o tempo existencial da práxis em tempo quantitativo-produtivo e sua sociabilidade contingente em uma sociabilidade necessária ditada pelos padrões mais avançados do mercado concorrencial orientados pelo ideal-valor do dinheiro-progresso. O *ter*, da mesma maneira, como atividade apropriativa essencial do mundo pela existência, também se restringe à identidade mercantil, na medida em que, a forma essencial de *possessão* constitutiva do mundo da mercadoria reduz-se à fórmula M-D-M (Marx, 1963a). O que significa que a liberdade do fazer está constituída desde sua raiz pelo livre-arbítrio de compradores e vendedores de mercadoria que orientam a possessão do mundo na forma de propriedade mercantil. Em suma, uma multidão de *livres* vendedores de sua força de trabalho [M], movendo-se pelo autointeresse de aumentar seu valor de troca no mercado laboral a fim de converterem uma quantidade cada vez maior de seu tempo em dinheiro [D] e de dinheiro em consumo de mercadorias [M, agora na forma de bens de consumo]. É possível notar a esta altura de nosso argumento, como a estrutura mundana fundamental da mercadoria revela, para além da objetividade inerte dominada por imperativos impessoais, uma forma de *ipseidade* que lhe é correlativa.

Temos, neste aspecto, um processo de individuação regido pelo fim-em-si hipostasiado do dinheiro-progresso em dialética com o mundo da mercadoria. O ser-no-mundo, se não queremos cair em abstrações vazias, é, desse modo, ser-na-concorrência, o projetar humano no seio da luta mercantil em direção ao dinheiro-progresso, o fazer-se sujeito do trabalho no âmbito da temporalidade quantitativa do dinheiro e o fazer-se sujeito do dinheiro no âmbito da temporalidade técnico-calculante do trabalho. A orientação ao progresso individual faz-se, dessa maneira, móbile essencial da ipseidade moderna, na medida em que, a ordem quantitativa do tempo na qual se individualiza a existência moderna dá-se pela dialética entre o *fazer* convertido em tempo de força de trabalho socialmente necessário e o *ter* restrito à possessão mercantil de dinheiro e mercadoria. Resulta desta dialética entre o fazer e o ter uma ipseidade constituída como *individuus* (Castro, 2020) que para *ser* necessita dominar racionalmente seus desejos e reprimir a livre práxis a fim de impor sua superioridade branca e masculina e projetar-se em direção à luta concorrencial, ao acúmulo de dinheiro e ao avanço do progresso. Robert Kurz (2010) encontra na indústria cinematográfica um perfeito exemplar dessa forma moderna de ipseidade, caracterizada pelo personagem Hannibal Lecter:

> O que há de inquietante na figura do psiquiatra assassino não está propriamente num caráter intransigentemente malvado, senão que, antes do mais, em sua ambivalência, nas duas almas que, de uma maneira sinistramente harmoniosa, convivem no mesmo peito, encontram a sua expressão em ambas as partes que compõem o nome Hannibal Lecter: o lado hannibalístico-animalesco, bruto, impulsivo e destrutivo, o qual, como um gêmeo siamês, é sempre acompanhado por uma *ratio* de aparência kantiana (!) – de uma razão domestificadora, que se ergue acima de toda esfera sensível-pulsional e analisa o selvagem ao seu lado, fria e secamente. (Stäheli apud Kurz, 2010: 185-186)

A ipseidade constituída na relação com o sistema *mundo* [da mercadoria] e com o *ideal-valor* [do dinheiro-progresso] ganha, conforme Kurz (2010), a forma do *canibal ilustrado*. Encontramos aqui a essência do *individualismo* moderno, desde *L'Avare* de Molière, até o flexível Bill Gates, passando pelo industrialismo nazifascista de Henry Ford e pela infinidade de microempreendedores individuais que se multiplicam com a era neoliberal, todos constituídos pela unidade dissociada entre o ser que se individualiza canibalizando os outros pela concorrência e sacrificando-se pelo dinheiro, bem como, pela superioridade de sua *ratio* ilustrada que calcula e toma decisões fundadas no realismo da técnica e na direção do progresso. Ser sujeito da concorrência, do dinheiro e do progresso é, portanto, fazer-se *individuus*, o que significa temporalizar-se no tempo abstrato do dinheiro, na urgência do progresso, na coação muda da mercadoria e na impessoalidade do mercado, autoproduzindo-se como unidade independente dos outros e das coisas, centrada em si e crente da sua superioridade branca e masculina.

Cria-se, assim, uma ipseidade *reificada* (Lukács, 2003), que aparece de forma precisa nas formulações freudianas a respeito do *sujeito inconsciente*, movendo-se por forças que desconhece, que lhe escapam e que a impelem. Uma ipseidade falada, feita, movida, vivida, ou seja, *subjectum*, dissociada da contingência da existência concreta e *apassivada* pelo princípio da identidade absoluta, próprio ao fim-em-si do dinheiro-mercadoria e pelo mundo automatizado e impessoal da mercadoria. Uma ipseidade, portanto, inconsciente de si mesma, com uma essência cristalizada no passado, dissociada do processo histórico presente e projetada para o futuro como fuga, o que torna a repetição sua forma temporal por excelência. Uma forma subjetiva, enfim, que alcança a si mesma como *práxis constituída* (Sartre, 1960) submetida ao *dever ser* da existência cotidiana fundada no tempo da mercadoria e do dinheiro. Fenomenicamente, a ipseidade reificada aparece com múltiplas formas, seja a do trabalhador exemplar, do empresário de sucesso ou fracassado, do defensor da nação e da família, homofóbico, racista e impregnado pelo ideal de branquitude e pelo princípio masculino, seja a do defensor da ordem social e moral, disposto ao sacrifício pelo trabalho e pelo progresso, fascinado pelo consumo de mercadorias e pela indústria cultural, reprodutor das ideias prontas e, enfim, profundamente maniqueísta.

Como um último aspecto a considerar convém notar que a ipseidade reificada produz-se e reproduz-se na relação com a objetividade inerte da mercadoria, na medida em que é envolvida pelo Estado como instituição soberana, não recíproca e instância reguladora dos fins e dos meios da existência moderna. O Estado moderno, nesse sentido, é a *realidade da ideia ética* conforme atesta Hegel (Marx, 2013), forma jurídico-legal do sistema de eu-mundo constituído. Desde Thomas Hobbes, toma a forma do Leviatã (Kurz, 2010b), como metáfora da soberania e da função domesticadora capaz de submeter a todos pela força a um poder central, constituindo-se uma metaestrutura social acima de todas as particularidades concretas. O Estado é o grande *Outro* não recíproco que dá funcionalidade ao maquinismo canibalesco do mundo da mercadoria e do dinheiro e fornece *status* formal de cidadão à ipseidade reificada. O Estado moderno é *a substância objetiva* (Marx, 2013) enquanto face legal e regulatória do mundo da mercadoria e da ipseidade do *individuus*, tendo por função essencial totalizar o mundo da mercadoria e seus sujeitos fazendo das *massas informes* (Marx, 2013) e das *bestas selvagens* (Leroy, 1975), cidadãos com liberdade e igualdade, ou seja, sujeitos do trabalho, da concorrência, do dinheiro e do progresso, instituindo pela força da lei a objetividade inerte mercantil. Nesse sentido, o Estado moderno e o mundo da mercadoria formam uma única e mesma *totalidade antagônica* (Marx, 2013).

O interesse tautológico do dinheiro-progresso é antagônico a determinados aspectos do direito e, a maior segurança jurídica possível que presume a liberdade e a igualdade abstrata do cidadão é também antagônica ao ganho ilimitado de dinheiro e aos imperativos da mercadoria e do individualismo moderno. Tal antagonismo, porém, é imanente ao sistema eu-mundo constituído, na medida em que o mundo da mercadoria necessita da totalidade estatal para funcionar e agenciar seus fins e a estatalidade moderna só se estrutura historicamente como forma social hegemônica a partir das exigências da sociedade mercantil. Enfim, o Estado moderno representa o encerramento histórico, conforme Mészáros (2011), das estruturas sociais pré-capitalistas e a constituição de uma metaestrutura social para além de qualquer existência particular, como "parte integral das determinações estruturais do sistema do capital" (Mészáros, 2011: 94).

Para exercer sua função histórica de totalidade e submeter a unidade eu-mundo constituída a sua *ideia ética*, o Estado moderno comporta quatro dimensões estruturais: a lei, a nação, a política e a burocracia. O *Estado é a lei*, sustenta Mészáros (2011), significando que os indivíduos são "servos e ministros dessa essência" (p. 54) que, por sua vez, possui como fundo velado a *força capaz de impor a lei* (p. 55). Desde seu nascimento com a monarquia absoluta, passando pela constituição da louvada social-democracia do Ocidente, pelo nazifascismo na Alemanha e pela ditadura do proletariado na Rússia, o Estado representa, nessas suas diversas metamorfoses, a forma jurídica do mundo da mercadoria e de seus agentes (Kurz, 2010b), orientado ao mesmo fim-em-si moderno do dinheiro-progresso. O Estado é, também, *a nação* (Bedszent, 2019) como dimensão cultural-simbólica. Implica neste aspecto, ao mesmo tempo, a criação de uma *mitologia da nação* como parte estruturante da identidade nacional, bem como a homogenia da língua que constitui o Estado como uma *nação de linguagem*, comportando, como já assinalado em relação à lei, o mesmo fundo velado de violência colonizante-totalizante, agora como opressão através da língua e da mitologia da identidade nacional criada. O Estado, além disso, é a *forma política* (Almeida, 2019) que adquire seu pleno desenvolvimento a partir da Revolução Francesa sob a forma de Estado republicano constitucional. Conforme Silvio Almeida, é somente no capitalismo plenamente desenvolvido que a política assume a forma de um aparato exterior (o Estado), relativamente autônomo e centralizado, separado do conjunto das relações sociais e econômicas e dos grupos concretos, caracterizando, conforme Mészáros (2011), uma alienação da tomada de decisões e da gestão social pela ordem burocrática estatal impessoal. O Estado, como forma política desenvolvida da modernidade capitalista, revela-se pelo liberalismo-democrático presente nas eleições como conexão entre a liberdade abstrata do cidadão e a gestão pública de sua máquina burocrática. As eleições, dessa forma, como instituição essencial da democracia burguesa, exigem a existência de partidos políticos e organizações civis orientadas a intervir no funcionamento e na gestão estatal, nas suas leis e políticas públicas que, por sua vez, viabilizam o dinamismo e o desenvolvimento do mundo da mercadoria e de seus *individuus*, pondo em marcha a *ideia ética* do dinheiro-progresso. O Estado, por fim, é a *burocracia* como essência de seu funcionamento a partir do êxtero-condicionamento serializante (Sartre, 1960). Neste plano situam-se a gestão, a administração da *res publique*, na forma exemplar da biopolítica descrita por Foucault (1986; 1990). Encontramos aqui o governo dos corpos para que se tornem dóceis, úteis e produtivos e o estabelecimento da ordem repressiva como norma de funcionamento do cotidiano das escolas, das prisões, das famílias, dos hospitais, das fábricas, essenciais para a reprodução do mundo mercantil e de seus indivíduos.

Para finalizar esta primeira parte de nossa reflexão, concluímos que a moderna ética burguesa centrada no fim-em-si do dinheiro-progresso, hipostasiada no maniqueísmo do princípio da identidade, fundamentalmente orientada pelos ideais de branquitude e masculinidade, constitui um *projeto civilizatório* como totalização em curso do mundo da mercadoria, do Estado e das ipseidades reificadas na forma massiva de *individuus*. Encontramos, nesse sentido, um ideal-valor hipostasiado, dialeticamente implicado com a constituição de uma materialidade inerte (mercantil-estatal) e com uma individuação passiva. A moderna ética burguesa, ao definir-se essencialmente por um ideal-valor inumano, totaliza o mundo como inumano, estruturando existência e sociedade a partir da contrafinalidade inerte da mercadoria e da forma estatal, com suas exigências de normalidade repressiva e adaptativa. A moderna ética burguesa constitui-se, enfim, como princípio apassivador a estruturar uma metafísica real, na forma de uma objetividade inerte-transcendental a absorver cada vez mais a subjetividade reificada, totalizando uma *escolha-de-ser* [moderna] (Sartre, 1966) que muito se aproxima da descrição sartriana do *viscoso*:

> Vemos aqui o símbolo que se desvela bruscamente: há possessões venenosas; há a possibilidade que o *em-si absorva o para-si*; quer dizer que um ser se constitui ao inverso do "em-si-para-si" no qual o em-si venha a atrair o para-si à sua contingência, à sua exterioridade de indiferença, à sua existência sem fundamento. Neste momento, compreende-se de uma vez a armadilha do viscoso: é uma fluidez que me retém e que me compromete, eu não posso *deslizar* sobre esse viscoso, todas as ventosas me retêm; ele não pode deslizar sobre mim, mas me agarra como uma sanguessuga [...] o viscoso é a revanche do em-si. (Sartre, 1966: 701, grifos nossos)

A moderna ética burguesa e a totalização eu-mundo que lhe é própria constituem, dessa maneira, uma possessão *venenosa*, a absorver cada vez mais a subjetividade humana na objetividade inerte da materialidade constituída. Veremos, na sequência, como tal *escolha-de-ser* encontra-se em colapso, que se revela, por sua vez, não pelo surgimento de uma nova possibilidade humana, mas pelo processo de *barbarização* das estruturas sociais. A destotalização do ideal-valor moderno, portanto, é a ruína de um projeto civilizatório.

A ética moderna em colapso[2]

Se há alguma verdade na tese do *esquecimento do ser* (Heidegger, 2006), esta encontra-se não no sentido ontológico-abstrato, mas no sentido ôntico-concreto referente ao projeto civilizatório moderno que esquece os fundamentos naturais e existenciais do mundo, hipostasiando como ideal-valor o sentido inumano da reprodução tautológica do dinheiro-progresso. A vida a reboque da coisa conduz ao colapso da própria vida.

O primeiro aspecto do colapso em curso mostra-se pela falência do ideal de progresso, fazendo do fim-em-si do projeto moderno o *dinheiro em estado puro* (Santos, 2000). A fórmula marxiana, nesse sentido, transforma-se de D-M-D' para D-D', caracterizando a acumulação de mais-dinheiro [D'] cada vez menos pelas vias normais do sistema produtor de mercadorias através da exploração do trabalho [D-M] para fazer-se através da acumulação fictícia (Marx, 1963b) via mercado financeiro global [D-D']. Tal metamorfose profunda do projeto civilizatório moderno revela uma fuga para a frente do sistema global em direção *à* pura financeirização como forma imaginária[3] (Kurz, 2014) de manter seu fim-em-si em razão do colapso da sua base real, dependente do tempo de trabalho socialmente necessário para transformar dinheiro em mercadoria e mercadoria em mais-dinheiro. A fome insaciável por dinheiro, nesse sentido, radicaliza-se na forma de uma brutal concorrência global dos mercados financeiros e de seus agentes na busca por D', aprofundando cada vez mais a destruição dos fundamentos da vida e da existência.

O fim não humano de nosso tempo histórico, dessa maneira, radicaliza-se. Desde que as bolsas financeiras continuem a inchar, que os acionistas continuem a enriquecer, que o mercado financeiro global mantenha sua marcha maquinal de transformação do dinheiro em mais-dinheiro, o progresso não mais importa. De sorte que a face *ilustrado-humanista* do projeto moderno se decompõe e o ideal-valor do sistema perde sua dimensão civilizatória. Isto significa que o futuro real em direção ao qual se totaliza o tempo histórico moderno não mais existe e a utopia do capital (Castro, 2020) transforma-se em distopia. Arland Weeks (2011), importante psicólogo estadunidense do início do século XX, acreditava na criação de um *novo sujeito produtivo, responsável e feliz*, compatível com os ideais fordistas e rooseveltianos, sendo o *feliz* da fórmula, justamente alcançado pelo progresso resultante do trabalho produtivo e da moral puritana. A ruína do progresso representa, portanto, conforme Mészáros (2011), a transformação do caráter progressivo do sistema em regressivo, tornando o porvir histórico um devir cada vez mais violento, orientado pela irracional e agressiva busca pela acumulação privada de dinheiro. Nesse sentido, a modernidade burguesa *não possui mais projeto*.

A ruína do futuro da modernidade capitalista não representa, porém, o abandono da identidade absoluta, constitutiva de seu ideal-valor. Ao contrário, quanto mais o processo de colapso avança, mais a *salvação* da identidade branca e masculina se impõe, mais a cruzada do Bem contra o Mal torna-se violenta e mais as projeções dos homens honestos sobre o *Outro-que-nós* habita o cotidiano das relações sociais. O que muda com o colapso ético em curso é a *promessa de tornar os seres humanos iguais* (Kurz, 2010), ou seja, a possibilidade de homogeneização moderna das existências como sujeitos do dinheiro, do trabalho e do progresso. Tal *promessa* desintegra-se com a distopia do capital, esfacelando o caráter universalizante do projeto moderno, cedendo lugar, por sua vez, *à* necessidade de conter e exterminar os sobrantes, seja nas prisões, nos campos de refugiados, nos territórios ocupados por paramilitares e milícias ou no dia a dia das periferias onde impera o estado de exceção. Na medida em que o colapso do futuro avança, mais se deteriora, portanto, o ideal de universalidade burguês de fazer *todos* os seres humanos iguais, restando uma identidade absoluta deteriorada, salvacionista de suas próprias ruínas, abrindo tendências cada vez mais totalitárias, discriminatórias e nazifascistas. A promessa de tornar todas as existências iguais, homogeneizando-as como sujeito do dinheiro, do trabalho e do progresso transforma-se assim em *fatalidade* de uma massa de endividados, sem trabalho e cada vez mais pauperizados.

***

A totalização eu-mundo, por sua vez, destotaliza-se com a perda do futuro civilizatório. A mercadoria como forma fundamental da sociedade burguesa multiplica-se como célula cancerígena, aniquilando todos os recantos não mercantis do mundo e transformando as possibilidades de vida existente em materialidade inerte a ditar todas as dimensões do vir-a-ser humano. O colapso do progresso e o dinheiro em estado puro fazem com que não somente as fábricas e o comércio funcionem conforme a obsessão da valorização econômica, mas também o Estado, a política, as escolas, os hospitais, a previdência social, as famílias, as pessoas, o ar, a biodiversidade, a terra, a comida, o lazer etc. A globalização capitalista é, dessa maneira, a realização plena do mundo da mercadoria e de sua contrafinalidade inerte. A objetividade mercantil impõe-se como imperativo totalizante a transformar a mercadoria em mais-dinheiro e mais-dinheiro em mais consumo de mercadoria, num circuito tautológico sem fim, comandando o conjunto das estruturas e tornando o todo social objeto de gestão empreendedora e eficiente. O núcleo familiar burguês se desestrutura em função da urgência hipercompetitiva do mercado que dilui o tempo privado em tempo de trabalho, as escolas realizam feiras de negócios para formar jovens empreendedores, as crianças descobrem o mundo pela violência mercantil, seja na periferia na forma de "a carne mais barata do mercado",[4] seja nas classes médias e altas na forma de um hiperindividualismo racista e violento. Os hospitais transformam seus procedimentos e seus recursos em unidades contábeis a render lucros, o ar transforma-se em mercado de carbono, a política torna-se espetáculo (Débord, 1997) de imagem publicitária, o Estado vira gestão de negócios, as pessoas transformam-se em capital humano, o lazer, quando possível, em consumo de pacotes de prazer, a biodiversidade passa a ser *commodity*, a previdência social em gestão dos sobrantes ou negócio bilionário para os investidores globais. A *revanche do em-si* nunca se mostrou tão grandiosa e a *absorção do para-si* pela materialidade inerte, tão potente.

Tal destino do mundo mostra-se ainda mais claramente quando analisamos duas dimensões que lhe são constitutivas: a hegemonia da dimensão inerte da técnica e a força da dimensão imagética da mercadoria. A terceira e a quarta Revolução Industrial colocaram o mundo da mercadoria em um estágio altamente avançado de impessoalidade e dinamismo prático-inerte. A inteligência artificial, a robótica, as plataformas online, os aplicativos de internet e redes sociais comandados por algoritmos potencializaram o *sujeito maquínico*[5] da mercadoria e despotencializaram o sujeito político das classes oprimidas e dos movimentos sociais.[6] A organização do mundo adquire no século XXI um patamar de heterogestão que vai muito além do panóptico de Jeremy Bentham ou do poder disciplinar descrito por Foucault (1986), impondo o dever-ser mercantil a todos de uma maneira incontornável e incontrolável. A ascensão do poder prático-inerte dado pela revolução técnica dá-se em consonância com a ascensão do poder imagético (também inerte) da mercadoria. A força da imagem, nesse sentido, representa o poder da lógica do espetáculo (Débord, 1997), da aparência espetaculosa da mercadoria na forma do marketing e da propaganda que funcionam a partir de poderosos computadores e seus algoritmos. A nova indústria cultural revela-se, assim, na forma de um *mundo à venda* de imagens-espetáculo: quanto mais impacto uma imagem é capaz de causar, quanto mais *likes* produz, quanto mais seguidores é capaz de gerar em instantes de tempo cada vez mais curtos, quanto mais tempo de nossa atenção é dedicado ao universo virtual, maior é o nível de consumo e, portanto, maior é a reprodução tautológica de dinheiro em estado puro. Presenciamos, assim, a consumação do mito da caverna de Platão como resultante do processo de colapso do projeto civilizatório burguês: o irreal da imagem projetada torna-se o real da existência cotidiana, consequência da realização do mundo da mercadoria como totalidade englobante.

Tal ascensão do prático-inerte do mundo da mercadoria manifesto pelo poder da revolução técnica e imagética torna, por sua vez, a liberdade do *fazer* desnecessária e as formas do *ter* mercantil, cada vez mais escassas. O tempo de trabalho socialmente necessário ao qual a existência humana é restringida no mundo da mercadoria transforma-se em tempo não necessário, dado o alto índice de substituição humana pela máquina, gerando cada vez mais sobrantes e excluídos dos circuitos de exploração do trabalho, aumentando progressivamente a massa de sujeitos monetários sem dinheiro (Kurz, 2020). A liberdade burguesa mostra-se assim cada vez mais inviável, na medida em que, o sujeito do trabalho faz-se cada vez mais (auto)destrutivo pelo acirramento da luta pelos lugares restantes. Além disso, o *ter* restrito *à* possessão mercantil é levado, dentro desse quadro, a um paradoxo não menos destrutivo: ao mesmo tempo que a totalidade do mundo se torna mercadoria e as formas do ter mercantil se fazem hegemônicas, as possibilidades de apropriação material ficam mais escassas dado o alto nível de endividamento e precarização. É o mundo fazendo-se uma objetividade onipotente, e, ao mesmo tempo, cada vez mais *inapropriável* (Castro, 2020), produzindo o asselvajamento das relações sociais, visto que o êxtero-condicionamento da mercadoria e de suas imagens-espetáculo universaliza os coletivos seriais no sentido de uma luta violenta contra a escassez.

Correlativamente ao mundo em ruínas, temos uma ipseidade também a colapsar em suas bases. Os processos de individuação passam a ser regidos pelo fim-em-si hipostasiado do dinheiro em estado puro e pela materialidade englobante da mercadoria, destituídos da dimensão futura do progresso. Isso significa que as *duas almas* (Kurz, 2010) que compõem a existência como *individuus* perdem sua dialética característica, sobressaltando cada vez mais o lado *hannibalístico-animalesco* do homem moderno, desprovido da *ratio* kantiana domesticadora da alma selvagem. Resta, por um lado, um individualismo regressivo, constituído por um eu dissimulado e cínico, desconfiado de todos os demais, violento e ao mesmo tempo submisso, envolvido por um conjunto de máscaras produzidas a partir da força serializante do marketing e da propaganda, no qual a aparência revela-se a própria forma de ser (Castro, 2020). Temos, conforme Alain Bihr (2007), "que um individualismo levado até o ponto de tornar-se a única medida do mundo, dos outros e de si mesmo [...] levado até seu limite, retorna contra o indivíduo e o ameaça em definitivo de aniquilar-se e submergir em seu próprio vazio" (p. 103). Tal regressão à aparência vazia mostra-se típica de uma individuação *presenteísta* (Castro, 2020), desapegada do próprio passado e das possibilidades de futuro, *submetida* às exigências de flexibilidade do mundo da mercadoria. Observa-se, nesse sentido, o estreitamento do horizonte temporal da ipseidade, correlativo à perda do futuro civilizatório no plano do universo social, produtor, por consequência, do esvaziamento do *desejo de ser* (Sartre, 1966) em função de prazeres imediatos. Uma ipseidade, enfim, movida pela urgência, pela pressa, pela adaptação rápida à concorrência generalizada, narcisista (Jappe, 2018) e dopada por psicoestimulantes e tranquilizantes. O colapso da ipseidade revela-se, neste aspecto, na forma imediatista do indivíduo *just in time*.

Por outro lado, ao sobressaltar o lado *hannibalístico-animalesco* do homem moderno, a ipseidade regride àquilo que Milton Santos (2000) já enunciara no início deste século: na medida em que a "única regra para a conquista de uma posição melhor" é a alta "performance competitiva", ou seja, o fim-em-si do dinheiro em estado puro, tem-se como consequência o "afrouxamento dos valores morais" e "um convite ao exercício da violência" (Santos, 2000: 57). O presenteísmo vazio da existência *just in time* é, assim, atravessado pelo *sentimento* generalizado da catástrofe social em curso, que se desdobra para um *estado de exceção moral* (Catalani, 2020): "a desgraça anunciada altera a forma como o indivíduo enfrenta seus problemas", gerando uma "era das expectativas decrescentes" e um eu que se orienta pela "sobrevivência", "vítima das circunstâncias" e "armado diante da catástrofe" (p. 34). O eu *produtivo, responsável e feliz* da era fordista (Weeks, 2011), sustentado em uma temporalidade duradoura e ascendente (Sennett, 2012), transforma-se em um eu frágil, engajado numa *revolução destrutiva* típica da nova extrema-direita, das milícias urbanas e rurais, da classe média desclassificada e ressentida e do fanatismo evangélico (Catalani, 2020). Impregnada pelo sentimento de catástrofe e sem possibilidade de transformação da totalidade social, a ipseidade branca e masculina em colapso individualiza-se, portanto, na direção do extermínio do mal, sem nenhuma perspectiva criadora e limitada à própria sobrevivência.

A ipseidade moderna, dessa maneira, ao mostrar-se sem futuro, impregnada pelo sentimento de catástrofe e sobrevivencialista diante de um mundo que não possui o mínimo controle, *irrealiza-se*. Isso significa que o caráter reificado do *individuss* se acentua e a existência cronifica-se como *subjectum*. Tanto os burgueses como também as classes médias e as classes trabalhadoras durante os séculos XIX e XX *realizam-se* no sentido de desenvolverem as potencialidades imanentes ao projeto civilizatório moderno. A ipseidade reificada moderna ao estar historicamente implicada à utopia do capital possuía um caráter *realizante*, singularizado numa série de projetos existenciais modernizantes das forças produtivas, do mercado de trabalho, do Estado de bem-estar, dos direitos humanos, das possibilidades de liberdade e democracia burguesas, como também, das potencialidades do *ter* mercantil universalizado. Ao contrário, na medida em que nos deparamos com o colapso da ética moderna e de sua estrutura de mundo correspondente, o caráter *realizante* do indivíduo moderno se esgota e o caráter selvagem do fim-em-si não humano ganha a cena. Sem nada a realizar em termos de possibilidades civilizatórias e, ao mesmo tempo, cativa da sua identidade absoluta em ruínas, a ipseidade, inconsciente de seu declínio e impotente diante de um mundo que a totaliza desde fora, avança de forma salvacionista e violenta, incapaz de compreender o seu próprio ocaso.

Por fim, o Estado, enquanto *realidade da ideia ética*, deteriora-se como totalidade integradora do projeto civilizatório moderno. Sua *substância objetiva* (Marx, 2013) na forma de instituição soberana, não recíproca e reguladora do mundo da mercadoria e da ipseidade, *desubstancializa-se*, na medida em que as dimensões da Lei, da Nação, da Política e da Burocracia passam a ruir em função do fim-em-si do dinheiro em estado puro. A *Lei* como supraestrutura de regulação da forma mercadoria e das individualidades cidadãs não consegue mais garantir a coesão do todo social na medida em que o tempo socialmente necessário de trabalho para a produção de valor econômico torna-se desnecessário em função do capitalismo financeirizado e da revolução tecnológica, fazendo com que cada vez mais amplos territórios sejam loteados por uma economia de rapina (Kurz, 2010b; Manso, 2020), seja ela miliciana, paramilitar ou mafiosa. O Estado em colapso perde, nesse sentido, e a hegemonia da lei e *a força capaz de impor a lei* (Mészáros, 2011) deterioram-se da totalidade estatal para as particularidades mercenárias que ocupam amplas margens territoriais, inúteis ao fim-em-si do dinheiro em estado puro global.[7] A dimensão da Nação também se deteriora em *nacionalismos de desespero* (Kurz, 2020), puramente particularistas, orientados à guerra selvagem pela distribuição de recursos sobrantes. Conforme Kurz (2020), "o etnonacionalismo e palavras de ordem populistas, assim como invocações à honra do trabalho, só podem acelerar o estouro das economias nacionais, desenvolver elementos de desestabilização e dar forma ao curso da crise [na forma de] movimentos sectários religiosos, domínio mafioso, esoterismo, dependência química" (p. 59). A mitologia da nação, que outrora cumpriu uma função no desenvolvimento real das forças produtivas, transforma-se em um nacionalismo de fachada, puramente ideológico, que visa a exterminar suas ameaças e aprisionar seus sobrantes.

A política, da mesma forma, também colapsa. As grandes instituições financeiras globais tornam-se donas das dívidas públicas e os governos nacionais são obrigados a produzir políticas monetárias e financeiras conforme os interesses de seus credores, fazendo com que a existência do Estado necessite assegurar o fluxo financeiro para o topo da pirâmide social (as megacorporações), garantindo assim a confiança do mercado e seus rendimentos (Dawbor, 2018) em detrimento das possibilidades de desenvolvimento de seus territórios. Conforme Anselm Jappe (1999), "a decadência mundial da política enquanto instância reguladora da vida social expressa-se de diferentes modos: rejeição da política e das ideologias, por parte dos 'cidadãos', como perda da soberania por parte dos Estados nacionais, como redução neoliberal das competências do Estado" (p. 261). A política torna-se, dessa maneira, pura política econômica e a gestão do fim-em-si deteriorado transforma-se em *gestão da barbárie* (Menegat, 2019). Por essa razão, a lógica burocrática própria ao êxtero-condicionamento da estatalidade moderna deteriora-se de uma biopolítica para uma necropolítica (Mbembe, 2018). O colapso da lógica burocrática manifesta-se pela gestão dos excluídos (dos sem trabalho, sem pátria, sem garantias da Lei), orientada pelo rigor das formas de encarceramento em massa, contenção das correntes migratórias ou extremo rigor das normas penais aos pobres. Uma *nova segregação* (Alexander, 2018) constitui-se na medida em que o sistema de justiça criminal orienta-se a punir crimes de porte de drogas e tráfico no varejo, ou seja, a prender em massa pobres e pretos e quitar-lhes direitos humanos. O Estado esfacelado na hegemonia da Lei, na identidade nacional e na sua forma política, não se mostra, no plano da gestão, menos autoritário. Ao contrário, com o processo de colapso em curso, observa-se o crescimento do aparelhamento policial-prisional, do controle tecnológico e das políticas de alta vigilância, tornando vigente em tempo de colapso o estado de exceção (Menegat, 2015).

O colapso *da ética moderna* é, assim, a destotalização do *projeto civilizatório burguês* como mundo da mercadoria, do Estado e da ipseidade reificada na forma massiva de *individuus*. É a finitude do tempo histórico que acumula formas cada vez mais regressivas, que visam a manter um ideal-valor decadente e autodestrutivo.

A *escolha de ser* moderna em questão

Que destino pode estar reservado a uma *escolha de ser* que suprime o para-si como ser do valor, diluindo-o na dura materialidade inerte da mercadoria? Vê-se que a dialética sujeito-objeto instaurada na modernidade burguesa realiza um tempo histórico fetichista, constituído por uma objetividade onipotente, maquínica e por uma subjetividade passiva, reificada. Se consideramos com Sartre (1966) que a *questão do ser* somente pode ser resolvida como escolha de ser, resultante da dialética entre o para-si nadificante e o em-si mundificado e que, portanto, a totalização eu-mundo-valor constituída é sempre contingente e particularizada em um tempo histórico, nos parece coerente concluir que o *ser* da modernidade capitalista é um ser *tanático*. O projeto moderno, ao formular-se a partir de um fim não humano e sintetizar uma unidade eu-mundo desumanizante, tende, como mostramos, a absorver a vida no em-si da mercadoria. Tal modo historicamente realizado de negar a contingência originária busca, nesse sentido, um em-si absoluto, único, englobante, não humano, desacoplado de todo para-si, caracterizando o tempo histórico moderno na forma de uma metafísica real e trágica. É instrutivo aqui lembrar do mito grego de Erisíchton (Jappe, 2018). Como rei da Tessália, ordena em certa ocasião que se cortassem todas as árvores do bosque sagrado de Deméter (deusa da colheita) para edificar ali seu palácio. Em meio a seu ímpeto destrutivo-edificante, Erisíchton extermina um altar que Deméter havia feito, matando uma ninfa dríade, protetora dos carvalhos. As últimas palavras da ninfa foram uma maldição contra Erisíchton, que Deméter prontamente responde, lançando sobre o rei da Tessália o *espírito de fome*. Erisíchton é amaldiçoado por uma fome implacável e insaciável, e quanto mais comia, com mais fome ficava e de mais comida necessitava, a ponto de vender todos os seus bens e até sua própria filha como escrava em troca de mais comida. Por fim, como última coisa que lhe restava para satisfazer sua fome implacável, passa a devorar partes de seu próprio corpo, autodestruindo-se. A escolha de ser moderna e sua fome incontrolável por dinheiro parecem ter o mesmo destino. Faz-se urgente *olharmos para cima!*

Notas

1 Personagem do filme *Don't look up* que, junto com seu professor, descobre um asteroide em rota de colisão com o planeta Terra.

2 Convém aqui um breve esclarecimento sobre a diferença entre as noções de crise e colapso. Crise designa um momento decisivo no funcionamento e no desenvolvimento de um sistema, caracterizando um corte ou uma ruptura que pode conduzir ao seu fim ou à sua renovação. Já a noção de colapso designa um desabar das bases ou derrocada estrutural do sistema em questão. Nesse sentido, um colapso não deixa de ser uma

crise, porém, uma crise sem possibilidades de retotalização das bases de funcionamento e desenvolvimento do sistema. Sustentamos, dada esta diferença, que a ética moderna se encontra em colapso e não em crise.

3 Imaginária aqui, no sentido marxiano de *fictício*, conforme podemos ler nesta passagem de Robert Kurz:"Na realidade, na era neoliberal do endividamento e das bolhas financeiras, o abismo entre a produção real e a produção ficticiamente antecipada de mais-valia abriu-se em dimensões, a bem dizer, grotescas. As cadeias de crédito prolongaram-se como tênias, as sobreposições de derivativos são cada vez menos transparentes. O gasto futuro praticado pelo capitalismo assumiu dimensões completamente ilusórias. Até uma criança poderia ter percebido que o nexo entre a reprodução real e a imaginária criação de valor futura tinha de se quebrar na mesma medida em que a verdadeira valorização na sequência temporal real [D-M-D'] se tornava demasiado anêmica para continuar a honrar a massa de crédito acumulada a nível global [...]" (2014: 305).

4 Da canção "A carne" de Marcelo Yuka, Seu Jorge e Ulisses Capelletti, interpretada por Elza Soares. Disponível em https://www.youtube.com/watch?v=W1VT0RswUMs. Acesso em jul. 2022.

5 Em alusão aqui à noção marxiana de "sujeito automático", conforme Robert Kurz (2014).

6 É digna de nota, nesse sentido, a operação financeira realizada pelo Movimento Sem Terra com títulos de renda fixa (CRA) para financiar suas cooperativas agrícolas. O MST, em suma, através de uma securitizadora, financia-se com a venda de *títulos de dívida* oriundos do agronegócio, submetendo-se, dessa maneira, às exigências incontroláveis do mercado financeiro.

7 O caso da cidade do Rio de Janeiro e da região da Baixada Fluminense é um claro exemplo desta situação, conforme pode-se ler no livro de Bruno Paes Manso, *A república das milícias* (2020).

Referências

ADORNO, T. W. *Dialéctica negativa*. Madrid: Taurus Humanidades, 1990.

ADORNO, T. W; HORKHEIMER, M. *La dialectique de la Raison*. Paris: Gallimard, 1974.

ALEXANDER, M. *A nova segregação: racismo e encarceramento em massa*. São Paulo: Boitempo, 2018.

ALMEIDA, S. *Racismo estrutural.* São Paulo: Pólen, 2019.

BEAUVOIR, S. *O segundo sexo.* São Paulo: Nova Fronteira, 1980.

BEDSZENT, G. "O poder do Estado desde o início da Idade Moderna até hoje". *Exit! Crise e crítica da sociedade da mercadoria*, n. 16, 2019. Disponível em http://www.obeco-online.org/editorial_exit16.htm.

BHIR. A. *La novlangue néoliberale: la rhétorique du fétichisme capitaliste.* Lausanne: Page deux, 2007.

CASTRO, F. G. *A subjetividade sem valor: trabalho e formas subjetivas no tempo histórico capitalista.* Curitiba: Appris, 2020.

CATALANI, F. "Apresentação à edição brasileira: Depois da meia-noite no século: Adorno e as análises do fascismo". In: ADORNO, T. *Aspectos do novo radicalismo de direita.* São Paulo: Unesp, 2020.

DAWBOR, L. *A era do capital improdutivo.* São Paulo: Outras Palavras, 2018.

DÉBORD, G. *A sociedade do espetáculo.* Rio de Janeiro: Contraponto, 1997.

ECHEVERRÍA, B. *Modernidad y branquitud.* Mexico: Ediciones Era, 2010.

FOUCAULT, M. *Microfísica do poder.* São Paulo: Graal, 1986.

______. *História da sexualidade I,* A vontade de saber. São Paulo: Graal, 1990.

GOULD, S. J. *La falsa medida del hombre.* Barcelona: Antoni Bosch Editor, 1985.

HEIDEGGER, M. "A questão da técnica". *Ensaios e Conferências.* Petrópolis: Vozes, 2002.

______. *Ser e tempo.* Petrópolis: Vozes, 2006.

JAPPE, A. *Guy Debord.* Petrópolis: Vozes, 1999.

______. *La societé autofage: capitalisme, desmesure et autodestrition.* Toulouse: Découvert, 2018.

KANT, E. "Resposta à pergunta: O que é o esclarecimento?". In: CASANOVA, A. (Org.) *O que é o esclarecimento?* Rio de Janeiro: Via Verita, 2011.

KURZ, R. *Razão sangrenta: ensaios sobre a crítica emancipatória da modernidade capitalista e de seus valores ocidentais.* São Paulo: Hedra, 2010.

______. *Não há Leviatã que nos salve: teses para uma teoria crítica do Estado, Primeira Parte.* 2010b. Disponível em http://www.obeco-online.org/rkurz390.htm.

______. *O dinheiro sem valor: linhas gerais para uma transformação da crítica da economia política*. Lisboa: Antígona, 2014.

______. *A democracia devora seus filhos*. Rio de Janeiro: Consequência, 2020.

LEROY, A-L. *Locke*. Biblioteca Básica de Filosofia. Lisboa: Edições 70, 1975.

LUKÁCS, G. *História e consciência de classe: estudos sobre a dialética marxista*. São Paulo: Martins Fontes, 2003.

MANSO, B. P. *A república das milícias*. São Paulo: Todavia, 2020.

MARX, K. *Le Capital, Livre I. Édition établie et annotée par Maximillien Rubel*. Paris: Gallimard, 1963a.

______. *Le Capital, Livre II et III. Édition établie et annotée par Maximillien Rubel*. Paris: Gallimard, 1963b.

______. *Crítica à filosofia do direito de Hegel*. São Paulo: Boitempo, 2013.

MARX, K; ENGELS, F. *O manifesto comunista*. São Paulo: Boitempo, 2019.

MBEMBE, A. *Necropolitica*. São Paulo: N-1, 2018.

MENEGAT, M. *Estudos sobre ruínas*. Rio de Janeiro: Revan/Instituto Carioca de Criminologia, 2015.

______. A *crítica do capitalismo em tempos de catástrofe*. Rio de Janeiro: Consequência, 2019.

MÉSZÁROS, I. *O desafio e o fardo do tempo histórico*. São Paulo: Boitempo, 2011.

POSTONE, M. *Tempo, trabalho e dominação social*. São Paulo: Boitempo, 2014.

ROUSSEAU, J-J. *Emilio ou da educação*. Rio de Janeiro: Bertrand Brasil, 1992.

SANTOS, M. *Por uma outra globalização: do pensamento único à consciência universal*. Rio de Janeiro: Record, 2000.

SARTRE, J-P. *Saint Genet: comédien et martir*. Paris: Gallimard, 1952.

______. *Critique de la raison dialectique: précédé de Questions de Méthode*. Tome I. Paris: Gallimard, 1960.

______. *L'être et le néant: Essai d'ontologie phénoménologique*. Paris: Gallimard, 1966.

SCHOLZ, R. *Le sexe du capitalisme*. Paris: Crise & critique, 2019.

SENNETT, R. *A corrosão do caráter: o desaparecimento das virtudes como o novo capitalismo*. Rio de Janeiro: Bestbolso, 2012.

SOUZA, N. S. *Tornar-se negro*. Rio de Janeiro: Zahar, 2021.

VIEIRA PINTO, A. *Consciência e realidade nacional (vol. I): a consciência ingênua*. Rio de Janeiro: Contraponto, 2020.

WEBER. M. *A ética protestante e o espírito do capitalismo.* São Paulo: Biblioteca Pioneira de Ciências Sociais, 1989.

WEEKS, A. *Psicología de la ciudadania.* Oviedo: KRK Ediciones, 2011.

Sobre uma teoria da ação e suas ressonâncias na clínica sartriana

Carolina Mendes Campos
André Barata

Muito já se discutiu a respeito da questão ética na obra de Sartre, e, no entanto, este tema continua vivo, se desdobrando em importantes reflexões, justamente por se tratar de um paradoxo: por um lado, Sartre promete se dedicar à questão ética no final de *O ser e o nada* e não o faz; por outro, apesar de não o fazer de maneira objetiva, é notório que encontramos em sua ontologia diversas dimensões ético-existenciais. Como assinala Norberto (2019), buscar uma unidade teórica na questão ética do existencialismo é a maneira mais eficaz de inviabilizar qualquer projeto moral em Sartre. Ou seja, a busca por uma explicação totalizadora deste tema tão complexo e de tantos desdobramentos seria uma grande contradição, o que não significa que não possamos retomá-lo por diferentes caminhos, desde que sejam distantes desta busca por unificar o tema. Apostamos juntamente com Norberto nesta tensão do pensamento de Sartre e acreditamos que nossa reflexão sobre a ética só pode se iniciar a partir desta tensão:

> A plenitude não é e não pode ser uma condição de realização. Neste sentido, qualquer texto, por menor que seja e do assunto mais díspar em relação ao tema, em Sartre, orbita em torno da moral. Ao mesmo tempo, nenhum de seus trabalhos é capaz de responder isoladamente sobre o campo moral, nem mesmo de uma forma alusiva. É justamente neste interstício produzido pelo pensamento sartriano que

cada investimento interpretativo opera e permite fazer aparecer a questão moral. (Norberto, 2019: 6)

Neste trabalho, abordaremos uma discussão já iniciada anteriormente por Barata (2018) a respeito do que seria o cerne de uma teoria da ação no pensamento de Jean-Paul Sartre, abordando suas implicações éticas. Em seguida, mostraremos como essa teoria da ação e da ética se situa no campo de discussões pertinentes à clínica de inspiração sartriana. Para tal, iniciaremos o estudo a partir de suas premissas ontológicas relativas às noções de liberdade e vontade, ambas definidas originalmente a partir do ponto de vista fenomenológico, e subsequentemente do ponto de vista crítico que redunda na a teoria da ação percebida em Sartre.

A liberdade

A célebre noção de liberdade é sem dúvida a mais discutida na obra de Sartre, porém, pelo mesmo motivo, é a mais suscetível de ser mal compreendida. Assim sendo, é importante começar evitando uma interpretação errônea da liberdade. Em *O ser e nada*, a liberdade é tratada a partir do campo da ontologia, o que significa que ela é o próprio ser da consciência, do para-si. A liberdade aponta para a incompletude da realidade humana, para sua indeterminação, em suma, para a sua falta de ser. Falta ser ao para-si, afirma Sartre (2001). A apreensão consciente dessa condição livre ocorre através da experiência da angústia. A angústia é a revelação reflexiva dessa condição faltosa do existir humano.

Sendo assim, convém ressaltar que a noção de liberdade não se encaixa em nenhuma das opções usuais no debate filosófico sobre o livre-arbítrio. Sartre reconhecidamente não é um determinista que propõe que os estados mentais atuais seriam causados por estados mentais anteriores. Para o determinismo nada pode haver sem uma causa prévia que determine o ato, a consciência passada é considerada como causa da ação, ela tem poder para determinar a consciência presente.

Muito ao contrário, para Sartre, a consciência presente é determinada apenas por si mesma, em sua própria presença. Ele defende a intencionalidade do ato, em que toda consciência é consciência de, ou seja, todo ato é intencional e acontece na espontaneidade translúcida da consciência presente. Assim sendo, o determinismo é radicalmente rejeitado por Sartre, pois, no contexto de sua ontologia, nenhuma relação causa/efeito pode ser relevante para os fenômenos da consciência.

Sartre também não é libertário na questão do livre-arbítrio. De acordo com a visão libertária, a admissão do livre-arbítrio implica uma recusa do determinismo. Enquanto Sartre concordaria que a liberdade implica tal recusa, pelo menos no que diz respeito à existência subjetiva, ele simplesmente não equipara liberdade com livre-arbítrio. De fato, para Sartre, a liberdade como noção ontológica está bastante afastada da ideia de livre-arbítrio. A consciência é livre, independentemente da vontade humana. A liberdade é uma condição insuperavelmente ontológica da consciência e este não é, para Sartre, o caso da vontade, como veremos a seguir.

No capítulo sobre liberdade e vontade na quarta parte de *O ser e o nada*, Sartre (2001) ressalta a diferença entre os motivos e os móbeis da ação. Essa diferença é estabelecida da seguinte maneira: o *motivo* é objetivo e independente dos aspectos subjetivos da ação, e o *móbil* é o conjunto de desejos, emoções e paixões que impulsionam uma subjetividade a realizar uma ação.

A vontade objetiva, de fato, motivos ou razões para agir, mas Sartre situa-a em um plano de consciência exclusivamente reflexivo. Assim, os motivos, enquanto percebidos no âmbito da vontade, só aparecem em referência a um projeto que dá sentido a uma ação determinada (em vez de determinar a ação diretamente a partir de uma posição reflexiva, como a deliberação nos faria supor). É este projeto – em que os motivos são aspectos do mundo implicados no projeto – que é retratado na vontade, através da reflexão.

Os motivos são vistos apenas à luz de um fim, de um projeto de ser. Cada motivo é uma certa estrutura objetiva do mundo, dependente de um certo ponto de vista, o ponto de vista de um determinado projeto para o qual o mundo é mobilizado. Estas ideias não devem, contudo, levar-nos a crer que os motivos nada têm a ver com a ação e que à ação é inteiramente determinada por móbeis internos subjetivos. Sartre é muito claro nesta questão, afirmando que a consciência posicional dos motivos ou razões para agir na reflexão corresponde uma autoconsciência não tética como móbil – um projeto mais ou menos apaixonado em direção a um fim. Motivos e móbeis são, de fato, correlativos, e ambos se referem aos fins de um projeto. Uma imagem simples é que móbeis subjetivos e motivos objetivos são dois lados da mesma moeda.

> Assim, motivo e móbil são correlatos, exatamente como a consciência não tética (de) si é correlato ontológico da consciência tética do objeto. Assim como a consciência tética de algo é consciência (de) si, o móbil nada mais é que a captação do motivo, na medida em que tal captação é consciente (de) si. Mas daí resulta, evidentemente, que motivo, móbil e fim são três termos indissolúveis do brotar de uma consciência viva e livre. (Sartre, 2001: 555)

Isto significa dizer que, em primeiro lugar, Sartre parte da oposição tradicional – facilmente concebida como um conflito psicológico ou mesmo moral – entre uma ação determinada por motivos racionais e uma ação determinada por móbeis passionais/ emocionais. Para o existencialista, razões ou motivos não determinam a ação, exceto no sentido de que são o reverso de um móbil complexo. Ao mesmo tempo, os móbeis só têm sentido em relação a um mundo articulado por motivos. Essa inter-relação é a base para a compreensão dessa dinâmica na qual móbeis e motivos são correlatos.

Em segundo lugar, significa dizer que os motivos, embora estejam relacionados à vontade, não são baseados *na* vontade. A ação irrefletida necessariamente tem móbeis e motivos, mesmo na ausência da percepção dos motivos pela vontade. Essa posição ecoa a famosa citação repetida por Sartre "*les jeux sont faits*" ou "*alea iacta est*" de Júlio César. Em *O ser e o nada*, essa mesma ideia aparece da seguinte forma: "quando delibero, os dados já estão lançados [...] quando a vontade intervém, a decisão já está tomada, e a vontade não tem outro valor senão o de anunciadora" (Sartre, 2001: 557).

Em resumo, o que vemos neste esforço sartriano de diferenciar a noção de liberdade do livre-arbítrio e da vontade é justamente a necessidade de radicalização dessa noção. A liberdade em *O ser e o nada* é radical, é mais originária, ela é o próprio surgimento da existência humana. É sua condição. Isso significa que a liberdade só não é livre para deixar de ser livre: "somos uma liberdade que se escolhe, mas não escolhemos ser livres: estamos condenados à liberdade [...] arremessados na liberdade" (Sartre, 2001: 597).

Sendo assim, iremos agora analisar a relação entre liberdade, escolha e ação, a fim de entendermos o quanto que essa dinâmica do pensamento sartriano apresenta uma imbricação com a dimensão ética.

Da liberdade à ação

O famoso exemplo que Sartre expõe em sua conferência "O existencialismo é um humanismo" acena para importantes perguntas a respeito do fundamento da escolha e dos valores implicados em uma ação escolhida dentre tantas outras. No famoso exemplo, o conflito é entre os valores relacionados ao cuidado de uma mãe que precisa de seu filho por perto e os valores relacionados à liberdade dos povos em um contexto de guerra, que exige que os homens lutem longe de suas casas. O autor fala do dilema do jovem nos seguintes termos:

> Encontrava-se, assim, perante dois tipos de ação muito diferentes; uma delas concreta, imediata, porém dirigida a um só indivíduo; a outra, dirigida a um conjunto infinitamente mais vasto, uma coletividade nacional [...] simultaneamente, ele hesitava entre dois tipos de moral. De um lado uma moral da simpatia, da devoção individual; e, de outro lado, uma moral mais ampla, mas de eficácia mais contestável. Precisava escolher uma das duas. (Sartre, 1987: 10)

Esta é, para Sartre (1987), uma escolha radical no sentido de que organiza todas as outras escolhas. A radicalidade da escolha está no fato de que ela não tem raízes nas escolhas dos outros que possam suportar parte do peso dessa escolha. A subjetividade única tem que escolher em uma situação concreta singular que é, ao mesmo tempo, como se fosse para todos os homens.

> O primeiro passo do existencialismo é o de pôr todo homem na posse do que é submetê-lo à responsabilidade total de sua existência. Assim, quando dizemos que o homem é responsável por si mesmo, não queremos dizer que o homem é apenas responsável por sua estrita individualidade, mas que ele é responsável por todos os homens. (Sartre, 1987: 6)

Essa universalidade faz ecoar, a nosso ver, o imperativo categórico kantiano. Afinal, Sartre, como Kant, almeja a universalidade ao declarar que sendo responsáveis, os indivíduos implicados na ação são responsáveis por todos os homens. Mas entre as duas perspectivas há uma imensa diferença, a saber, Kant restringe a ação individual à consideração imperativa (eticamente exigida) da universalidade. Muito ao contrário, para Sartre, a universalidade não é uma condição coercitiva, mas o resultado coextensivo da radicalidade da escolha singular.

Voltando ao conflito do jovem de "O existencialismo é um humanismo", vemos que não existem valores prontos, *a priori*, que orientem a escolha do rapaz. Nem ao menos é possível estipular um peso maior entre escolher por um (mãe que depende dele) ou por todos (servir à nação na guerra). Nada nem ninguém podem ajudar o rapaz em sua livre escolha. A liberdade é que cria os valores, escolher-se é inventar-se. Os valores encontram sua gênese no ato livre. A liberdade, ao fazer-se ato, inventa-se e inventa, simultaneamente, toda a humanidade.

Podemos perceber aí um germe da preciosa articulação entre o universal e o singular desdobrada, alguns anos depois, em *Questões de método*. Essa inter-relação, como sabemos, vai ganhando cada vez mais uma centralidade no pensamento sartriano. Na verdade, como o próprio filósofo destaca, este tema é uma síntese alcançada de algo que sempre esteve presente em seu itinerário filosófico. Este ponto é iluminado por uma resposta que Sartre deu a André Gorz em uma entrevista datada de 1977: "sempre pensei que a moralidade existe. Mas ela só pode existir em situações concretas, portanto supõe o homem realmente engajado em um mundo e que saibamos perceber o que se desdobra desta liberdade no mundo" (Sartre, 1977: 98, tradução nossa).

A partir do início dos anos 1960, Sartre passou a expressar essa ideia na formulação "singular universal" e na forma inversa "universal singular". A ideia, em suma, é que os indivíduos refletem as características universais de seu tempo e, inversamente, que os universais de uma época são realizados concreta e singularmente pelos indivíduos. Já nos anos 1970, na introdução da sua obra *O idiota da família*, considerada expressão síntese das anteriores, o filósofo resume essa ideia nas seguintes palavras: "Afinal, um homem nunca é um indivíduo; seria melhor chamá-lo de universal singular: totalizado e, por isso mesmo, universalizado por sua época, ele a retotaliza ao reproduzir-se nela como singularidade" (Sartre, 1988: 7).

Ao chamar o homem de universal singular, Sartre estabelece o foco de seu método e o centro de preocupação de sua filosofia, a saber, o "entre", entre o concreto e o abstrato, entre a biografia e o social, entre o indivíduo e a história, em resumo, entre o homem e o mundo. É a esse paradoxo que devemos voltar nossa atenção, uma vez que o singular só existe através da maneira pela qual cada um particulariza o universal e, ao mesmo tempo, o universal só existe através da maneira pela qual cada um universaliza singularmente sua vivência.

Assim, ao afirmar essa concomitância do universal-singular, Sartre, com imensa originalidade, inaugura uma forma dinâmica de se observar as questões humanas, com importantes repercussões tanto no que diz respeito à singularidade, à história pessoal, à biografia (o que é tema pertinente à psicanálise, como veremos a seguir), quanto do ponto de vista social, já que toda escolha colabora para a construção do horizonte de possibilidades de nosso tempo. Dessa inter-relação entre o universal-singular brota a dimensão ética, com toda a sua sutileza e com toda a sua potência: sou em um mundo onde me escolho sem razão, sem justificativas, sem parâmetros e, ao mesmo tempo, ao me escolher, invento os valores que dão a tonalidade existencial para toda a humanidade.

É daí que, justamente, se defende que Sartre não escreveu formalmente sobre a ética, no entanto, tratou deste tema o tempo todo. Como afirma Silva (2003: 16), "é porque todas as ações envolvem opções livres, isto é, instituição de valor a cada escolha realizada, que a ação histórica está sempre revestida de um compromisso ético". Assim, o que defendemos no presente trabalho é que o tema da ética é, na verdade, indissociável do tema da ação, presente de ponta a ponta na obra de Sartre. A dimensão da ação enquanto expressão da liberdade revela a cada gesto livre a eleição dos valores que colaboram para a delineação de um horizonte de possibilidades para todos. Todo ato é expressão da liberdade. E toda escolha livre é, por sua vez, expressão da moral da liberdade. Como esclarece Beauvoir em uma célebre passagem de seu livro *Por uma moral da ambiguidade*:

> Sartre não declara, com efeito, que o homem é "uma paixão inútil" que ele tenta em vão realizar a síntese do para-si e do em-si, fazer-se Deus? É verdade. Mas também é verdade que as morais mais otimistas começaram todas por

> ressaltar a porção de fracasso comportada pela condição de homem; sem fracasso não há moral; para um ser que seria de saída exata coincidência consigo mesmo, perfeita plenitude, a noção de dever-ser não teria sentido. Não se propõe uma moral a Deus, impossível propô-la a um homem se o definirmos como natureza, como dado [...]. (Beauvoir, 2005: 15-16)

O homem, engajado consigo próprio e com sua condição em aberto, entende que os valores não vêm de fora como imposições verticais, mas que são atos criativos, inventados a partir da condição livre que é a existência humana. Cada um de nossos gestos é um compromisso, como sugere Sartre, ou seja, a liberdade está em cena e caberá a nós escolhermos os caminhos e os valores de nosso tempo histórico.

> O valor é este ser fracassado cuja liberdade se faz falta; e é porque esta se faz falta que o valor aparece; é o desejo que cria o desejável, e o projeto que estabelece o fim. É a existência humana que faz surgir no mundo os valores de acordo com os quais ela poderá julgar os empreendimentos em que se engajará. (Beauvoir, 2005: 19)

Sendo o homem o ser pelo qual o valor vem ao mundo, devemos atentar para a dimensão inescapável do engajamento e da responsabilidade existencial. Toda escolha nos engaja, e, como diz Sartre (2001), só não somos livres para deixarmos de ser livres. Desse modo, a não escolha é, ainda assim, se engajar com o desengajamento. Mesmo diante das dificuldades, de toda a escassez, de toda polarização da sociedade, da ameaça de um vírus que continua a nos preocupar, devemos ter consciência de que cada uma de nossas escolhas é um compromisso e que estamos engajados na superação desses desafios. Desdobra-se daí, uma psicossociologia existencial fundamental para os pesquisadores interessados em investigar temas atuais que nos desafiam, tais como a solidão, a virtualidade, as dimensões políticas, entre outros. Sartre enquanto filósofo representante do existencialismo nos ensina que sua filosofia do engajamento, mais do que um constructo teórico de grande complexidade é, simultaneamente, *um convite ao olhar* que ensina novos caminhos para outras disciplinas como, por exemplo, a citada psicossociologia e, também, como demostraremos a seguir, a psicologia clínica que ele mesmo sugeriu chamar de psicanálise existencial.

Ressonâncias da dimensão da ação na clínica sartriana

Como destaca Bornheim (2007), há uma questão que perpassa toda a obra sartriana e que aponta para a dimensão ética, a saber: a exigência de transformação do homem. Bornheim cita a famosa frase de Marx que diz que os filósofos apenas interpretam o mundo, mas é preciso transformá-lo e diz que, na versão do existencialista, caberia substituir mundo por homem. Ou seja, para Sartre, *é preciso transformar o homem.*

Como aponta Bornheim, diante da tarefa de transformar o homem, a psicanálise existencial, enquanto método que persegue a escolha original que a pessoa faz de si, pode ser tomada como uma prática transformadora. Não obstante, o próprio Sartre ao final de *O ser e o nada* assinala os limites da ontologia no que tange à dimensão moral e dá a tutela de tal dimensão à sua psicanálise:

> A ontologia não pode formular de per si prescrições morais. Consagra-se unicamente àquilo que é, e não é possível derivar imperativos de seus indicativos [...]. Assim, a psicanálise existencial é uma *descrição moral*, já que nos oferece

> o sentido ético dos diversos projetos humanos; ela nos indica a necessidade de se renunciar à psicologia do interesse [...] revelando-nos a significação ideal de todas as atitudes do homem. (Sartre, 2001: 763)

Essa afirmação de Sartre ganharia mais força se de fato ele tivesse realizado a prometida obra futura sobre a ética após ter levantado todas as complexas questões postas ao final de *O ser e o nada*. Apesar da ausência dessa continuidade, pensamos que a psicanálise existencial permite uma descrição moral, na medida em que se trata de um método que visa a tornar conhecido o mistério em plena luz que o homem é para si próprio. O que a psicanálise sartriana persegue é a possibilidade de dar a conhecer aquilo de que a pessoa tem apenas consciência. Sendo assim, ela poderá, a partir da reflexão, tomar conhecimento dos caminhos pelos quais elege os valores e, com isso, conhecendo estes caminhos, poderá decidir se os mantém ou não. Por isso, como acena Bornheim (2007), a psicanálise faz bem seu papel de transformar o homem, pois essa experimentação conhecedora de si e dos caminhos de sua liberdade coloca a pessoa diante da possibilidade de se reinventar.

Convém notar que se a psicanálise existencial parece ser uma pista para um exercício ético, ela mantém, ao mesmo tempo, sua originalidade no que tange a esta questão, pois mesmo possibilitando a tomada de consciência a respeito do que a pessoa faz de si, ela não determina nada *a priori*. Nem bem, nem mal, nem melhor, nem pior, nem certo, nem errado, para a liberdade humana, como vimos, não há nenhuma anterioridade na qual ela possa ancorar suas escolhas e determinar seus valores. O valor é indeterminado, surge da espontaneidade do existir humano. Desta forma, só podemos falar de uma moral em Sartre se ela for uma *moral da liberdade*, visto que é a própria condição de liberdade que inaugura a possibilidade de se tematizar a dimensão ética das ações humanas.

Voltando às últimas páginas de *O ser e o nada*, Sartre (2001) ainda declara que o principal resultado da psicanálise existencial deve ser a renúncia do espírito de seriedade. Para o existencialista, o homem sério acredita que os valores são estabelecidos de fora para dentro, estão prontos e materialmente fixados à sua frente. Na verdade, o que o homem sério quer é não se responsabilizar por suas escolhas, por suas ações e pelos valores daí derivados, pois "acredita" nos valores "prontos". Porém, como vimos, a liberdade não pode deixar de se implicar consigo mesma. Assim, o homem sério também é responsável por sua escolha desengajada, pois não escolher é, ainda assim, uma forma de agir. Com essa escolha desengajada, tenta-se, em geral, se colocar como objeto para si mesmo, para "ser levado" pelos acontecimentos, como se fosse possível se livrar da responsabilidade e da inventividade dos atos escolhidos. Nas palavras de Sartre:

> O homem busca o ser às cegas, ocultando de si mesmo o projeto livre que constitui esta busca; faz-se de tal modo que seja esperado pelas tarefas dispostas ao longo de seu caminho. Os objetos são exigências mudas, e ele nada mais é em si do que a obediência passiva a essas exigências. (Sartre, 2001: 764)

A clínica de inspiração sartriana representa, a nosso ver, um espaço de resistência diante desse movimento robótico e despersonalizado que o espírito de seriedade produz. O mundo atual nos envolve num corre-corre, com ofertas de consumo por todos os lados, telas sempre online que exibem modelos e parâmetros para uma vida "feliz" e, com isso, somos arrastados pela seriedade a aceitar de forma passiva e obediente esses ditames exigentes de nosso tempo. O espaço clínico surge, então, como possibilidade de transformar nosso olhar para nós mesmos e para nossas relações com as coisas e com os outros. Conhecer nossos valores, reposicionar nossas ações, em suma, nos reinventar com responsabilidade estão aí, importantes tarefas para a clínica que se desdobra da metodologia de psicanálise existencial proposta por Sartre.

Cabe ressaltar que, da mesma forma que não se trata de uma ética e de uma moral que separa as ações do homem entre o bem e o mal, mais ainda no terreno da psicanálise e da clínica este dualismo não tem espaço. A maior riqueza deste trabalho é dar a conhecer o movimento existencial da pessoa, que é tomado do ponto de vista do analista sempre de forma livre e respeitosa. Ao acompanhar a pessoa neste percurso, os maiores ganhos alcançados devem ser o conhecimento de suas escolhas e uma maior responsabilização na construção dos valores envolvidos em cada ação.

Assim, a clínica de inspiração sartriana é um espaço de aprendizado dessa conexão que temos com os outros, de plena comparência, já que Sartre nos ensina que não nos escolhemos sozinhos, mas escolhemos por nós e por toda a humanidade, simultaneamente. Convém notar que "toda a humanidade" pode indicar os meus arredores e, por isso, é importante se perguntar pela dimensão da escolha livre e do alcance concreto que cada escolha tem para a coletividade. Desta forma, a clínica privada de base sartriana é, ao mesmo tempo, uma clínica do social, na medida em que fala da ressonância das escolhas singulares nos grupos coletivos. Acreditamos ser esse entrelace uma das grandes originalidades do pensamento sartriano, que nos permite pensar em uma clínica alargada, na qual a ação individual só pode ser vista em uma rede de ressonâncias.

Referências

BARATA, A. "Towards a Theory of Action in Sartre's Philosophy. From Action to Ethics". *Philonsorbonne*, vol. 12, 2018, p. 125-137.

BEAUVOIR, S. *Por uma moral da ambiguidade*. Rio de Janeiro: Nova Fronteira, 2005.

BORNHEIM, G. *Sartre: Metafísica e existencialismo*. São Paulo: Perspectiva, 2007.

NORBERTO, M. S. "A impertinência de uma ética sartriana". *Revista Veritas*, vol. 64, n. 3, jul.-set. Porto Alegre, 2019.

SARTRE. Un film réalisé par Alexandre Astruc et Michel Contat, avec la participation de Simone de Beauvoir, Jacques Laurent-Bost et André Gorz, Jean Pouillon. Texte intégral. Paris: Gallimard, 1977.

SARTRE J-P. "O existencialismo é um humanismo". *Os Pensadores*. São Paulo: Nova Cultura, 1987.

______. *L´idiot de la famille: Gustave Flaubert de 1821 à 1857*. Paris: Gallimard, 1988.

______. *O ser e o nada: ensaio de ontologia fenomenológica*. Petrópolis: Vozes, 2001.

SILVA, F. L. *Ética e literatura em Sartre: ensaios introdutórios*. São Paulo: Unesp, 2003.

O manuscrito "A criança e os grupos": reflexão moral, fenomenologia dos valores e contemporaneidade segundo Sartre em 1949

Grégory Cormann

Minha contribuição a este trabalho coletivo sobre a moral sartriana consistirá em dar um passo lateral em relação aos textos mais frequentemente evocados hoje, de forma muito legítima, quando se trata de abordar as reflexões de Sartre sobre a moral. Não me voltarei diretamente nem aos *Cadernos para uma moral*, publicados em 1983, nem aos importantes documentos da moral dialética sartriana, apresentados em edições mais recentes, pelas quais eu fui responsável, *Moral e história*, publicado em *Les Temps Modernes* (Sartre, 2005), e *As raízes da ética*, publicado nas *Études sartriennes* (Sartre, 2015). Contentar-me-ei em apresentar aqui o manuscrito "A criança e os grupos", que acaba de ser objeto de uma exposição genética e de uma publicação parcial em um número da revista *Genesis* (Cormann, 2021a).[1]

Esse manuscrito, que põe em relevo, de maneira geral, uma discussão com a Escola Francesa de Sociologia, cobre 66 páginas.[2] Ele foi identificado há bastante tempo. Ele também foi apresentado, sucintamente, no *Dicionário Sartre*, por Michel Contat (2004: 155-156), o qual retomava, nesta ocasião, em parte, uma longa nota que ele tinha publicado na introdução de *Por que e como Sartre escreveu As palavras*. Em 1996, Michel Contat tinha, com efeito, recuperado o manuscrito "A criança e os grupos" para identificar o esquema geral de desdobramento da autobiografia de Sartre: *os valores – o sagrado – a linguagem*. Cito Michel Contat:

Pode-se ler esse plano como o esquema abstrato das *Palavras* – sendo os valores, neste plano, a literatura (Ler), o sagrado, sua institucionalização, a linguagem, seu exercício (Escrever). Os valores e o sagrado são tratados no texto, o qual é interrompido antes de abordar a linguagem. (Contat, 2004: 155-156)

Michel Contat remetia, então, às discussões que ele havia tido com Sartre, desde 1967, a propósito do manuscrito. A lembrança dessas discussões lhe permite situar o manuscrito no seio da produção sartriana e associá-lo ao projeto dos *Cadernos para uma moral*, que ocupou Sartre durante a segunda metade dos anos 1940.[3] Contrariamente a outros manuscritos de Sartre, "A criança e os grupos" não escapou jamais ao conhecimento de seus especialistas. Vendido em 1960 pelo secretário de Sartre a um comerciante de autógrafos de Saint-Germain-des-Prés; comprado, em seguida, por Carlton Lake, célebre crítico de arte americano, que o versa rapidamente nas coleções do Harry Ransom Center, da Universidade de Austin, o destino desse manuscrito não comporta qualquer zona de sombra. Porém, "A criança e os grupos" permaneceu inédito no curso dos quatro últimos decênios e nunca foi comentado. Provavelmente, porque o manuscrito foi rapidamente abandonado. Do plano anunciado, "valor, sagrado, linguagem" (f. 19), Sartre redigiu apenas uma parte da seção projetada sobre o valor. Essa seção devia comportar três momentos: "Há três tipos de valores: dos objetos, dos seres vivos (e do homem enquanto ser vivo), das pessoas" (f. 19). Somente uma parte do primeiro momento foi escrita, que descreve a produção de valores ligada ao que Sartre designa como "cinco cerimônias de apropriação" de objetos: "o assassinato (guerra) – o roubo – o dom (como livre iniciativa do outro) – o mérito – a troca"

(f. 43). O manuscrito é interrompido abruptamente quando da análise do dom.

Essa indiferença dos comentadores produziu, com o passar do tempo, uma dupla consequência considerável. *Primeiramente*, é notável que o manuscrito tenha perdido, com o tempo, a datação provável que lhe era atribuída no início. Datado, de início, sem muita hesitação, dos anos 1947-1949, o manuscrito recebe uma datação claramente tardia no *Catálogo dos manuscritos de Sartre*, que é autoridade desde a sua criação em 2008. A data de redação de "A criança e os grupos" é, então, situada entre 1955 e 1960.[4] Uma semelhança curiosa certamente facilitou esse retardamento da data presumida de redação do manuscrito. O início do manuscrito "A criança e os grupos" evoca, de modo marcante, um dos exemplos mais célebres da *Crítica da razão dialética*, que é publicada, precisamente, em 1960: o exemplo do jardineiro e do pedreiro, que são observados de uma janela por um intelectual pequeno-burguês, semelhante a Sartre.

> *A criança e os grupos*:
> A criança descobre imediatamente pequenos grupos naturais. O social descobre-se na percepção mesma como uma ultrapassagem comum e intencional em uma forma unitária da exterioridade de indiferença. O fundamento do desvelamento do social é impossível para dois homens revelados na percepção de ser, um em relação ao outro, na pura exterioridade. É assim, por exemplo, com dois homens que eu vejo de minha janela, ao mesmo tempo, e que se ignoram um ao outro, porque um muro os separa. Um deles volta para sua casa, o outro sobe uma encosta de bicicleta. Minha percepção os une em sua estrutura mais primitiva como ela une o muro e a estrada, isto é, todos os objetos que permanecem ao lado uns dos outros na exterioridade de indiferença. [...] Entretanto, esses dois homens que aparecem, inicialmente,

na minha percepção à maneira das coisas [...] a partir do momento que eles se manifestam como *homens*, eles transcendem, na minha percepção mesma, toda relação de pura exterioridade [...] Assim, dois desconhecidos que se ignoram aparecem no meu universo sobre o fundo original de sua possibilidade de se encontrar e de se desvelar um ao outro na unidade de um olhar recíproco.[5] [f. 1]

Crítica da razão dialética:
De minha janela, eu vejo um pedreiro sobre a estrada, um jardineiro que trabalha em um jardim. Entre eles, há um muro coberto por cacos de garrafa que protege a propriedade burguesa onde trabalha o jardineiro. Cada um deles ignora inteiramente, portanto, a presença do outro; cada um, absorvido em seu labor, nem sequer sonha em se perguntar se há homens do outro lado. Quanto a mim, que os vejo sem ser visto, minha posição e esse sobrevoo passivo sobre o seu labor me situam em relação a eles: eu "estou de férias", em um hotel, eu me realizo em minha inércia de testemunha como um intelectual pequeno-burguês [...]. Por aí, minha primeira relação com os dois trabalhadores é negativa: eu não sou da sua classe, eu não exerço nenhuma das suas duas profissões, eu não saberia fazer o que eles fazem, eu não partilho das suas preocupações. (Sartre, 1985: 213-216)

A proximidade entre as duas passagens é evidente. As duas passagens engajam uma reforma fundamental da concepção do terceiro – e, por conseguinte, da alienação – tal qual ela tinha sido ligada, em *O ser e o nada*, ao conflito dos olhares. O aporte da *Crítica da razão dialética* é decisivo: a unidade dos trabalhadores manuais realiza-se ao nível da percepção a mais original, não somente para o terceiro, como era ainda o caso em *O ser e o nada*, mas pelo terceiro cuja mediação revela "um mundo de significações socialmente constituídas" (Giovannangeli, 2014: 23).[6] As diferenças entre as duas passagens são também significativas. A criança dá lugar ao intelectual, enquanto o jardineiro e o pedreiro substituem as duas pessoas (adultas) não qualificadas na primeira formulação do exemplo.

Tratar-se-á, para mim, em um primeiro tempo, de reposicionar a escritura do manuscrito em um momento específico do fim dos anos 1940. Um certo número de indícios no texto permite confirmar o fato de que o manuscrito pertence ao projeto moral conhecido através dos *Cadernos para uma moral*. O desafio geral desse esforço de escrita em Sartre inscreve-se em uma discussão da fenomenologia existencialista com a tradição sociológica francesa. A datação do manuscrito "A criança e os grupos" irá conduzir-nos, de uma maneira complementar, à reconstituição do debate sobre os valores que a perspectiva fenomenológica sartriana opõe à psicobiologia de Raymond Ruyer, que é evocado marginalmente por Sartre em seu manuscrito.

Em segundo lugar, o manuscrito não parece ter coerência interna. O título pelo qual o conhecemos, "A criança e os grupos", aparece aos olhos de M. Contat como um título postiço, fabricado precipitadamente por Sartre no momento de vender suas páginas. Por conseguinte, não haveria nada a extrair desse título, adicionado posteriormente para lhe dar um valor comercial. Um dos objetivos do presente artigo será, então, determinar e justificar o contexto de reflexão ética e política do pós-guerra no seio do qual o pensamento sartriano foi conduzido a levar em conta dois novos problemas fundamentais, que não mais lhe deixarão, a saber: de um lado, o problema da infância, que Sartre desenvolve, então, em relação e em colaboração com Simone de Beauvoir e, de outro lado, o problema dos grupos, que engaja uma discussão precoce de Sartre com Claude Lévi-Strauss. Será necessário, para isso, precisar a maneira com a qual a questão ética se enraíza nas discussões suscitadas pela publicação de *Que é a literatura?*, no que diz respeito ao engajamento da literatura e à hierarquia dos valores. O estudo da reflexão sartriana sobre os valores nos conduzirá, desse modo, a cruzar as descrições proustianas do mundo social, antes que possamos procurar esclarecer, por intermédio de Scheler, a fonte fenomenológica do célebre exemplo de Sartre que acabamos de recordar.

Em um segundo tempo, portanto, tratar-se-á de identificar as condições nas quais Sartre chega, uma primeira vez, a colocar em jogo dois problemas inéditos para ele: da infância, que subjaz os empreendimentos posteriores do *Saint Genet, ator e mártir*, das *Palavras* e do *Idiota da família*;[7] e dos grupos, que abre um canteiro de investigação de filosofia política, o qual resultará na *Crítica da razão dialética*.

Ao termo dessa releitura, todavia, eu terei de voltar, para concluir, ao estranho achado do qual eu parti, a saber, de um manuscrito que, por mais conhecido que seja, não parece justificar que se retorne a ele e que se interesse por ele. É possível que um texto – poderíamos dizer a intencionalidade de um texto – visa a não ter outro estatuto senão o de uma *passagem* à qual não se retornará? O que poderia representar um texto absolutamente contemporâneo de sua época e dele mesmo?

Os valores e o nada: Sartre, Raymond Ruyer, Mauss e a questão do concreto

Duas indicações marginais no texto permitem estabelecer a sua data de redação ou, ao menos, em um primeiro tempo, seu *terminus post quem*. A primeira indicação útil é a citação que Sartre faz do livro de Raymond Ruyer, *O mundo dos valores*, em um de seus raros acréscimos marginais. A segunda indicação, que é apenas uma indicação indireta, remete à peça de Nicolas Gogol, *O inspetor geral* [*Le Révizor*].

Por comodidade, comecemos por essa segunda indicação textual. Ela é dada por Sartre na folha 49 do manuscrito de "A criança e os grupos" em uma comparação entre a relação paradoxal do ladrão com o valor e a situação de impostura que Pouchkine havia confidenciado a seu amigo Gogol para a sua peça de 1836, na qual um jovem que é pego por um agente do Estado, vindo de São Petesburgo para controlar a gestão do poder local, se embrenha nesta confusão e tira benefício do pânico das autoridades locais, que o recebem com um tratamento inesperado (Gogol, 2013).[8] Nessa passagem, Sartre evoca a adaptação da peça de Gogol, a qual foi encenada a partir do fim do mês de novembro de 1948 no Théâtre de l'Atelier, em Paris, sob a direção de André Barsacq. Em 1948, Sartre acaba de criar *As mãos sujas*. Com suas peças, ele figura nos cartazes de teatro há cinco anos quase sem descontinuidade. Ele foi particularmente beneficiado pelo auxílio de Charles Dullin,[9] a quem Barsacq, que traduziu a peça de Gogol nesta ocasião, sucedeu à frente do Théâtre de l'Atelier desde 1940.[10]

A peça, na qual o jovem Michel Bouquet fazia o personagem-título, dá ocasião para Sartre de apreender a questão do valor a partir do reconhecimento paradoxal do mundo dos valores que o roubo supõe: "Passa-se o mesmo com o ladrão que é o outro do proprietário e com o impostor que é o outro do Inspetor geral" [f. 49]. Reconhece-se um motivo sartriano: o ladrão pode atuar como possuidor, pois mesmo o proprietário legítimo tem de ser, ele mesmo, o que ele é, tal como o garçom de café atua como garçom e como, segundo um exemplo que passará de "A criança e os grupos" às *Palavras*, Victor Hugo "é um louco que acredita ser Hugo".[11] Entretanto, Sartre inspira-se no *Inspetor geral* para redigir essa outra história (russa) de impostura que é a sua própria peça, *Nekrassov*.[12]

Passemos à segunda referência. O livro de Ruyer, *O mundo dos valores* (1948), foi lançado durante o mesmo ano de 1948 pela Aubier, na coleção "Philosophie de l'esprit". Ele permite precisar a situação de Sartre ao final dos anos 1940, o lugar eminente tomado pelo existencialismo em alguns anos e o desafio que constitui, para o pensamento sartriano, o projeto de elaborar uma moral. A passagem citada por Sartre no seu manuscrito encontra-se na página 15 da obra de Ruyer (1948):

> O indivíduo ao agir [...] só pode *formar-se* no sentido próprio da palavra, só pode existir, de início, como organismo, tendo uma estrutura apropriada, depois, como um ser realizando fins, arrumando seu ambiente, ou criando culturas, por sua confluência [*abouchement*] com o mundo dos valores. Ele não é separável do mundo dos valores, salvo teórica ou esquematicamente [...]. [f. 38]

Nessa nota marginal, Sartre, que dá "razão" a Ruyer, em realidade, reage a uma crítica que Ruyer endereça, no trecho citado, à concepção existencialista da relação entre liberdade e valor, ou melhor, à ambivalência dessa relação nos existencialistas. Ruyer reprova a concepção existencialista da existência por colocar a liberdade para além de todo valor que ela apenas poderia fundar. Pouco antes dessa passagem citada por Sartre (Ruyer, 1948: 15), Ruyer critica, ao utilizar uma comparação com o espectro das cores, os existencialistas que, em nome de uma concepção de homem – eu cito – "sem conteúdo, e para além de toda determinação, para além de todo valor e 'cuja essência é existir'", veem tudo em "preto e branco", e reconduz – eu o cito de novo – "todos os valores à relação ser-nada" (Ruyer, 1948: 15). Reconhece-se nisso, sem dificuldade, a filosofia sartriana.

Mais longe, Ruyer precisa e aprofunda sua crítica no seu capítulo sobre "A pureza dos valores". Ele cita, então, uma passagem de *O ser e o nada*, que tende a dar crédito a uma concepção voluntarista da liberdade, a qual seria capaz de produzir valores como que por magia:

> O valor só pode desvelar-se a uma liberdade ativa que o faz existir como valor, pelo simples fato de reconhecê-lo como tal. Segue-se disso que minha liberdade é o único fundamento dos valores e que nada, absolutamente nada, me justifica a adotar tal ou tal valor. (Sartre, 1943: 76)[13]

A crítica de Ruyer não se limita, assim, a pôr em causa aquilo que seria em Sartre uma concepção idealista dos valores. Ruyer coloca em evidência, sobretudo, uma incoerência, tanto lógica, quanto concreta, do que ele designa como o "formalismo" (Ruyer, 1948: 95) existencialista. Ele reprova nos existencialistas franceses, como nas outras formas de purismo moral, o fato de dissimularem, se se quiser manter a comparação com as cores, "um cromatismo camuflado" (Ruyer, 1948: 15). Sob o esforço de purificação moral, sob o esforço de recesso moral, a promoção de um valor que, mais ainda do que ser vazio, tem por característica, principalmente, ser um valor que não se reconhece mais como tal, um valor que não aparece mais como valor: a liberdade que se erige ela mesma como "valor de potência" (Ruyer, 1948: 94) – a fórmula é de Ruyer. Eu cito ainda:

> Os existencialistas tomam por um "além de todo valor" o que é, em realidade, um valor esvaziado e, por conseguinte, degradado. A sua filosofia tem a falha de todos os formalismos. Fazendo do mundo um simples plano de fundo, desdenhando todo o rico conteúdo que dá um sentido à vida humana, eles cunham de insignificância sua existência, em lugar de lhe dar uma maior intensidade. (Ruyer, 1948)

Ruyer concede, por certo, que os existencialistas – e Sartre em particular – perceberam esse risco mais fundamental de "cunha[r] de insignificância sua [própria] existência" (Ruyer, 1948: 95). É por isso que, assinala ele, os existencialistas preconizam o engajamento, a fim de conjurar o risco de uma "descompressão" existencial (Ruyer, 1948). Porém, nesse caso, o existencialismo se expõe a outra incoerência: quando muito, a de legitimar a "visão normal" do mundo; na pior das hipóteses, a de reduzir a experiência a uma pura "sensação" (Ruyer, 1948) e, por conseguinte, a um puro espetáculo da existência. Contrariamente à atitude do etnógrafo que pratica a observação participante junto às pessoas que estuda, o filósofo existencialista, prossegue Ruyer, se encontra, considerando as pessoas das quais ele fala e com as quais se preocupa, na posição contraditória de alguém que é "ao mesmo tempo engajado e indiferente à sua causa" (Ruyer, 1948: 95). É uma constante da crítica de Ruyer opor ao engajamento dos existencialistas uma perspectiva etnográfica (ele evoca, neste ponto, Malinowski; em outro lugar, Mauss; assim como ele evoca Mauss na passagem citada por Sartre).

> Um certo "engajamento" do teórico, um obstáculo à sua pureza teórica, em outros termos, é a condição mesma de todo bom trabalho teórico. O fato é geralmente admitido

> pela etnografia. Por exemplo, Rasmussen, cuja mãe era esquimó, nos inspira mais confiança, como intérprete da alma esquimó, do que um etnólogo de pura raça branca. Malinowksi, que viveu dois anos a vida dos indígenas das ilhas Trobriand, nos parece - como erudito - superior a um especialista que estivesse em Londres, ou mesmo que tivesse passado o mesmo tempo a estudar no local, mas de fora, a vida desses primitivos. (Ruyer, 1948: 96-97)

Em "A criança e os grupos", o objetivo de Sartre é, precisamente, como eu o apresentei logo no início, ultrapassar essa alternativa entre o individualismo existencialista e a sociologia antropológica durkheimiana. Na sua nota marginal, Sartre aceita colocar-se, entretanto, no terreno de Ruyer e lhe responde em dois tempos. Ele sustenta, em primeiro lugar, que se a liberdade postula seus fins no "Além do Ser" [f. 38], não é menos verdade que a liberdade somente pode ser efetiva como resultado do "caráter incitativo" dos valores (Ruyer, 1948: 95). Em consequência: "A estrutura essencial do valor para além do ser é coextensiva à liberdade". Assim, meu "sistema" axiológico passa, ao colocar-se, "pelo mundo e os Outros" (Ruyer, 1948), na medida em que outros colocam, ao mesmo tempo que eu, o mesmo fim que o meu. Em segundo lugar, Sartre procura ultrapassar a crítica que lhe é feita: ele responde a Ruyer que, mesmo que ele tenha "razão", ele não consegue apreender e descrever o caráter "imperativo" (e não somente incitativo) dos valores. Com efeito, é somente considerando a "dialética do olhado-olhador" que se pode apreender "*a estranheza* do valor" como exigência do Outro em mim, mas também como exigência do Outro sobre os outros, que passa "por mim" [f. 68].

Encontramos nas notas filosóficas de Jan Patočka feitas à época uma confirmação da discussão sobre os valores que nós reconstituímos aqui. No seu *Diário filosófico* de maio-julho de 1947, recentemente traduzido ao francês, o filósofo tcheco faz numerosos e interessantes comentários críticos a propósito de *O ser e o nada*, que ele discute nas primeiras notas breves, durante o ano de 1946 (Patočka, 2021). Em suas notas, Patočka, observador atento da filosofia francesa, organiza uma comparação que nos interessa aqui, entre a ontologia fenomenológica sartriana e o vitalismo defendido por Raymond Ruyer, em um livro anterior ao *Mundo dos valores*, a saber, seus *Elementos de psicobiologia*, publicado em 1946.[14] Para discutir a definição da consciência como nada, Patočka se apoia nas primeiras páginas dos *Elementos de psicobiologia*, que repelem "a distinção entre 'ser-em-si' e 'ser-para-si'", e nas quais Ruyer sustenta que "a realidade [...] é, ao mesmo tempo, em-si e para-si" (Patočka, 2021: 371).[15] Ele procura em Ruyer, aliás, sem encontrar completamente, a ideia de uma fecundidade interna à vida, de uma formação no sentido forte ou, ainda, de uma capacidade de "invenção" que corresponde a "um estado biológico de conjunto, do qual se pressente o resultado e onde alternam as fases fecundas e estéreis, orgânicas e críticas" (Patočka, 2021: 377). A crítica de Patočka é resumida na seguinte passagem:

> Sartre negligencia o momento da escolha biológica na percepção. A realidade, tal qual a percepção a apreende, não é certamente toda a diversidade qualitativa do real. (Isso, Bergson o via melhor). Cada ser vivo tem a sua "medida" do mundo; seu instante, sua escala de grandeza, sua gama de qualidades correspondentes a possibilidades de ação. Essa diversidade da escolha é o *positivo* que caracteriza o ser vivo, que constitui sua forma e sua essência positiva. Portanto, nosso corpo não se faz somente ouvir enquanto sentimento que forma o acento de nossa transcendência

> contínua em direção aos objetos, longe disso, ele está implicado em cada possibilidade de perceber. Cada cor tem uma relação com o movimento; nossas qualidades são as qualidades de um ser que caminha ereto, que possui, assim, a distância, mas que *caminha*, no entanto. O corpo é o primeiro meio de interpretação do mundo, a primeira forma *a priori*. A negação da realidade na percepção, que é nosso eu original, não é, portanto, uma negação de princípio, total; ela anda, em vez disso, lado a lado com uma positividade nova – positividade biológica. Eu só compreendo do mundo o que – eu só me o-ponho [*op-pose*] ao que – "me" interessa. Desse fato, o ambiente desenha como o inverso de nossa estrutura própria. Essa estrutura é, todavia, *dada* a mesmo título que as coisas, que a realidade ela mesma. (Patočka, 2021: 360)[16]

Nesse contexto, o exemplo de uma criança que faz a experiência de ver primitivamente um grupo parece construído para se destacar da representação do engajamento abstrato do filósofo, que permanece à sua mesa e só poderia ver o mundo pela sua janela. Colocando em relevo a figura da criança, Sartre insiste sobre a percepção na sua forma mais primitiva. Assim, ele deseja fazer sua parte com a "formação" do indivíduo que só pode postular fins, de um lado, por poder contar com uma educação de seu corpo – "como organismo dotado de uma estrutura apropriada" (Ruyer, 1948: 15) – e, de outro lado, por se inscrever em uma cultura.

Esse desafio de formação será assumido por Simone de Beauvoir em seu estudo sobre a condição feminina. Em *O segundo sexo*, Beauvoir não se interessa somente pela primeira infância. Ela reporta um conjunto de episódios críticos que entoam a "formação" de seres humanos, meninos ou meninas, até a puberdade. Em realidade, ela segue a estrutura do artigo de Jacques Lacan sobre "Os complexos familiares", do qual ela considera o movimento geral e não somente a hipótese do estado do espelho (Lacan, 1938). O artigo de Lacan dá-se, então, como a apresentação de um conjunto de pontos críticos da existência, um conjunto de pontos de bifurcação na existência que podem ser oportunidades tanto quanto ameaças. Beauvoir retém dele o momento de encerramento que se desempenha na puberdade, invertendo, por sua vez, a perspectiva inicial do artigo de Lacan. Com a puberdade, trata-se para Beauvoir de mostrar como o destino das mulheres se instala no seu corpo; como, agora, o fechamento do porvir se joga nelas: o fechamento ou o estreitamento do porvir é doravante instalado, como desconforto ou como ausência de confiança em si, nos seus próprios corpos, na experiência inquieta e incomodada de seu próprio corpo.

A resposta de Sartre em "A criança e os grupos" à crítica psicobiológica de Ruyer localiza-se, também, na perspectiva do estudo sociológico do concreto, defendida por Marcel Mauss em seus grandes artigos dos anos 1920-1930. Nas "Considerações gerais" que concluem seu artigo sobre "As técnicas do corpo", que data de 1936, Mauss havia pleiteado o que ele qualificava de "estudo sócio-psico-biológico" (Mauss, 2010b: 386). Na seção precedente, o estudo das técnicas do corpo tinha levado o sociólogo a detectar com precisão as diferentes técnicas da infância: técnicas do nascimento, técnica da (primeira) infância e técnica da adolescência. Tratava-se, então, de assumir a ambição formulada nas últimas páginas do *Ensaio sobre o dom*, em uma seção importante, intitulada "Conclusão de sociologia geral e de moral". Mauss estava preocupado em ajudar a sociologia (durkheimiana) a alcançar o nível do concreto no qual as disciplinas concorrentes de sociologia, história e psicologia sinalizavam uma afinidade. Recordamos as observações de Mauss acerca da história:

> Os historiadores sentem e objetam, a justo título, que os sociólogos fazem excessivas abstrações e separam em excesso os diversos elementos das sociedades uns dos outros. É necessário fazer como eles: observar o que é dado. Ora, o dado, é Roma, é Atenas, é o francês médio, é o melanésio de tal ou tal ilha, e não a prece ou o direito em si. Depois de ter forçosamente dividido e abstraído um pouco demais, é necessário que os sociólogos se esforcem para recompor o todo. (Mauss, 2010a: 276)

Retiveram-se menos as linhas que seguem a essa passagem, nas quais Mauss compara a potência de elucidação da sociologia com a capacidade da psicologia – e, em particular, da psicopatologia – em apreender o concreto individual como uma totalidade complexa. A formulação estala: "Nós também, nós vemos corpos e reações dos corpos" (ibid.). O corpo passa, assim, ao primeiro plano, reclamando que se passe de uma psicologia do homem total à capacidade, como escreve Mauss (2010a), de "aperceber o grupo inteiro e seu comportamento por inteiro".

> O estudo do concreto, que é completo, é possível e mais cativante e mais explicativo ainda em sociologia. Nós observamos as reações completas e complexas de quantidades numericamente definidas de homens, de seres completos e complexos. Nós também, nós descrevemos o que eles são em seus organismos e suas *psychai*, ao mesmo tempo que nós descrevemos o comportamento dessa massa e as psicoses que lhe correspondem: sentimentos, ideias, volições da multidão ou das sociedades organizadas e de seus subgrupos. (ibid.)

Que se pode reter desse primeiro rastreamento? As duas referências estudadas nessa primeira seção têm como ponto comum o fato de permitirem a Sartre "jogar" com suas obras principais, *A náusea*, *Esboço para uma teoria das emoções* ou, ainda, *O ser e nada*, e com *slogans* que as resumem: existência, liberdade absoluta, má-fé e crítica das comédias sociais. Nesse contexto, Sartre não responde às críticas recebidas tanto quanto ele joga com as imagens de sua obra, entre a caricatura expeditiva e a referência incontornável para toda obra contemporânea, a fim de, digamos assim, poder ele mesmo completar e complexificar sua compreensão da realidade humana, ou melhor, das realidades humanas. De acordo com o que nos ensinaram os *Cadernos para uma moral*, o trabalho levado a cabo por "A criança e os grupos" reivindica um quadro teórico maussiano, dirigido à elaboração de uma fenomenologia social, que as críticas de Ruyer e Patočka nos permitiram precisar uma primeira vez, insistindo sobre a importância da educação do corpo e sobre a ambição, expressa primeiramente por Mauss, de responder à exigência de atingir o concreto ao nível coletivo ou social.

Do valor da literatura: a literatura engajada, Proust e o mundo social

Em 1949, o motivo mais pregnante do "fenômeno Sartre", segundo a fórmula escolhida por Ingrid Galster (2001), diz respeito à literatura engajada. A pré-publicação de *Que é a literatura?* em *Les Temps Modernes* impressiona os leitores (os diários de Patočka o atestam, entre outros numerosos testemunhos), durante todo o ano de 1947, antes de o livro ser lançado em 1948. Não surpreende, portanto, que o manuscrito "A criança e os grupos" retome questões que lhe precedem, a partir da questão da literatura, tomada em uma dupla perspectiva, de uma parte, considerada pelo lado do engajamento, de outra, através de um de seus representantes exemplares na literatura francesa contemporânea, nomeadamente, Marcel Proust.

Há um documento histórico que nos traz preciosas indicações complementares sobre a situação da literatura sartriana em 1948: o balanço de "A literatura na França em 1948-1949" que Henri Peyre, professor de literatura francesa em Yale, elabora para *The French Review*, em janeiro de 1950 (p. 173-197). A abertura do texto de Peyre é instrutiva: "Sem dúvida, o ano de 1949 não permanecerá nos periódicos como um dos grandes anos de criação literária" (1950: 173). O momento atual não é dos criadores, sustenta o crítico. Peyre estima que Gide, Duhamel, Mauriac, Romains e Cocteau sobrevivem mal, e procura em vão sucessores em Valéry, Proust ou Giraudoux. Ele adiciona: "e Sartre, por mais importante que seja, não os substitui a todos" (Peyre, 1950: 174). O balanço de Peyre, que conhece bem Sartre e Beauvoir, não é, porém, apenas negativo. Se Sartre não é, segundo ele, um grande romancista, ele não deixa de ocupar um lugar eminente com suas "peças dos anos precedentes", com a publicação de *A morte na alma*, terceira parte dos *Caminhos da liberdade* e, sobretudo, com a publicação de *Situações III*, que se anuncia como uma "antologia" daquilo que os anos do pós-guerra reuniram de importante.

> As *Situações III* de Sartre é um dos mais significativos desses livros de crítica publicados nesse ano. Ele não tem a densidade de seus dois antecessores, mas contém admiráveis obras sobre a ocupação alemã em Paris e sobre a guerra, que reúnem todas as antologias do porvir, dos

desenvolvimentos filosóficos publicados em *Les Temps Modernes*, os artigos sobre "Orfeu negro", Giacometti, Calder etc. (Peyre, 1950)

No campo da crítica literária, Peyre indica diversas vezes dois livros que lhe chamaram a atenção: de um lado (1950: 175, 196), *Babel*, de Roger Caillois (1948); de outro lado (1950: 179, 191), a biografia de Proust publicada por André Maurois (1949).[17] E ele atribui um lugar de destaque ao lançamento do *Segundo sexo* de Simone de Beauvoir, evocado no início e no final de sua resenha crítica (1950: 174, 196). A observação de Peyre não está isenta de uma certa condescendência; porém, ele identifica a força teórica e polêmica do livro de Beauvoir.

> Simone de Beauvoir conheceu um grande sucesso com seu *Segundo sexo*. Ela mistura nele lições de uma boa professora de filosofia, polida com antropologia, com a raiva virtuosa de uma feminista que condena o complexo de inferioridade da mulher e que recusa sua feminilidade. Ela emprega nisso, por vezes, a linguagem mais abstrusa da dialética existencialista, outras vezes, as designações mais cruas das partes do corpo feminino, onde persiste obstinadamente o que o inglês chamaria de "a pequena diferença" para com o homem. Porém, o livro é, talvez, o que jamais se escreveu de tão forte sobre o feminismo; e ele contém um capítulo sobre Montherlant, do qual esse misógino talvez nunca se recupere, tal é a investida que a esgrimista realiza a cada golpe. (Peyre, 1950: 196)[18]

Esse quadro da literatura francesa de 1948-1949 repete o índice remissivo de alguns números sucessivos de *Temps Modernes*, situados entre maio e julho de 1949. Nos três números em questão, encontram-se no topo da revista vários trechos do *Segundo sexo* de Beauvoir que foram imediatamente notados;[19] encontra-se também uma crônica literária em três partes de Étiemble intitulada "Babel" (1949a, 1949b e 1949c) e uma resenha crítica assinada por Colette Audry (1949) sobre *Em busca do tempo perdido de Proust*, de Maurois. Audry propõe um breve retrato sartriano de Proust, cuja vida e obra foram marcadas pela contingência e pela doença. Ela desaprova em Maurois a sua incapacidade de "abraçar o trágico" e, portanto, de apreender na criação literária "a rede de uma dialética que é a da própria vida de Proust, amor filial, doença, vício e vocação indissoluvelmente unidos" (Audry, 1949: 1133-1134). A contribuição de Étiemble, por sua vez, identifica uma tensão em Caillois, entre o sociólogo, que condena o individualismo contemporâneo, e o escritor moralista que, apesar de tudo, se apega à necessidade de a literatura "dizer tudo". Por fim, Étiemble teme que o puritanismo moral de Caillois se torne uma aceitação resignada das convenções e das normas sociais em vigor. Sua crítica junta-se, assim, à crítica que Audry faz a Maurois: que o engajamento estético e o engajamento político se revertem em conformismo estético, em moral.

O manuscrito "A criança e os grupos" faz igualmente referência às obras de Caillois e de Maurois (eu retornarei a Beauvoir na seção seguinte). Outra vez, a observação de Sartre evita qualquer veia polêmica, deixando um pouco de lado a tonalidade crítica que transparece nos textos dos cronistas literários de *Les Temps Modernes*. O início do caderno faz alusão à torre de Babel [f. 4], ao número de mitos que, tal como o mito do andrógino (o mais familiar ao leitor de Sartre), remetem a um tempo original da humanidade, à experiência original do social, que a abertura do manuscrito acabava de identificar. Retomo a leitura do início do manuscrito:

> Assim, a mera aparição de meus semelhantes faz nascer em meu universo a possibilidade de uma unidade por ligação recíproca que escapa à minha unidade e só posso desvelá--los *a partir* desta possibilidade original. Este é um dos sentidos do mito do andrógino e de tantos outros (torre de Babel etc.). Degrada-se essa pura possibilidade, em realidade, passada: apreendem-se os homens não sobre o fundo de possibilidade permanente e original da sua unidade, mas a partir de um passado em que essa unidade teria sido dada. Essa relação de pura lateralidade aparece como resultado de uma dispersão. O universo não é mais obstáculo de acaso, mas de maldição. [f. 3-4][20]

Quanto a Proust, sua presença impregna literalmente as descrições fenomenológicas de Sartre. Na apresentação do manuscrito, Michel Contat tinha assinalado uma "possível referência a Proust", notadamente através do exemplo das "joias da mãe que sai para o mundo" (Contat, 2004: 156). Com efeito, reencontra-se uma atmosfera proustiana nas análises do luxo, os exemplos das cerimônias sociais de apropriação e as distinções que atravessam a reflexão de Sartre sobre os valores, assim como sobre a maneira com a qual "a sociedade" é dada à experiência mais originária de cada ser humano com "uma certa magia do mundo que [lhe] escapa" [f. 22-23]. A passagem encontra-se na folha 21 do manuscrito. Nessa passagem, a atmosfera proustiana parece apoiada por um jogo alusivo sobre o *tempo perdido*. Um objeto de valor é, com efeito, um objeto ao qual se dedica e, por vezes, se *sacrifica* seu tempo, para obtê-lo, conservá-lo ou, precisamente, quando foi *perdido*, para reencontrá-lo. Em todos esses casos, um tal objeto precioso supõe uma relação com um tempo particular, festivo ou *sagrado*, que corresponde a uma *pausa* na temporalidade ordinária.

> Esse anel que minha mãe perdeu na grama tem valor, pois ela abandona o conjunto das operações construtivas que ela havia iniciado, pois ela deixa esfriar a comida que ela ia pegar etc., para procurá-lo. O conjunto das operações que sacrificam o tempo e os objetos, e que dão uma característica privilegiada ou preferencial ao objeto são operações de manutenção, de conservação: encontrar, proteger, arrumar, limpar, reparar, consolidar, impedir ou atrasar o desgaste etc. Um outro tipo de operações compõem [*sic*] *a aquisição* do objeto. Essa aquisição se manifesta aos meus olhos como um rito sacrificial: o objeto entra no universo do Outro, precedido ou acompanhado do sacrifício solene de outros objetos de seu universo. Sua entrada é acompanhada de doações, massacres e destruição. Assim, ele marca imediatamente o seu caráter preferencial. Além disso, ele é objeto de um culto: ele tem suas festas pessoais. Eu entendo por aí as pausas no tempo acompanhadas de regozijo e contemplação. Se o objeto perdido é encontrado, manifesta-se a alegria; se o objeto é adquirido, há alegria ainda, e o contemplamos, o tocamos. Enfim, certos objetos (os anéis da minha mãe, por exemplo) só são mostrados por ocasião de cerimônias sociais, elas mesmas solenes. [f. 21]

A ênfase dada por André Maurois às relações de Proust com a sua mãe e à ternura devoradora da segunda pelo primeiro pôde servir de motivação às descrições detalhadas da dialética da ternura e do amor que seguem de perto a alusão a Caillois [f. 6-8, f. 12-16]. Sartre descreve nesses trechos, notadamente, a experiência de "fazer parte de um grupo" [f. 13]. A ternura (dos pais por seu filho) corresponde nesse contexto, simultaneamente, tanto à experiência de ser "aglomerado" a um grupo que se unifica em torno de mim e me vigia enquanto eu sou criança, quanto ao "fracasso" ao qual se expõe esse tipo de sentimentos intersubjetivos nos quais um indivíduo pode ser tentado a desaparecer, pelo risco de se perder como indivíduo singular. Desse retrato de Proust, emerge que o social já existe desde sempre para o indivíduo sob o modo de uma assombração, enquanto ele é, para ele mesmo, como ser socializado, outro que ele mesmo. A questão da infância abre, assim, o horizonte de outro problema – o do grupo – que implica também, a avaliação dos seus aspectos, em mobilizar as fontes da antropologia e da sociologia, o que veremos mais adiante.

Como já foi o caso na referência a Ruyer, o gesto de Sartre reduz ao máximo todo horizonte polêmico, a fim de se reportar às potencialidades de seu pensamento, por intermédio de uma poética da leitura.[21] Nesse movimento de pensamento, Sartre faz ricochetear as questões colocadas em *Que é a literatura?* A questão "Para quem se escreve?" é enriquecida de questões suplementares. Levando em conta a recepção midiática da simplificação de sua obra: o que se escreve ou o que se diz sobre o que eu escrevi? Levando em conta a literatura: no que implica a decisão de confiar seu destino (social) à literatura? Levando em conta a constituição de um universal singular: o que eu sou e o que faço eu, que escrevo (o que eu escrevo)?

Se devemos articular uma primeira vez os diferentes aspectos da enquete moral que é aqui esboçada, poderíamos certamente nos reportar à descrição que Stefan Zweig fez, muito cedo, sobre o "destino trágico" de Proust. Em seu artigo de 1925, Zweig associa, com efeito, o senso de observação e a fineza da percepção de Proust às consequências de uma doença precoce que o privou da infância:

> Voltando de um passeio no bosque de Boulogne, ele é tomado por espasmos, e essas terríveis crises de asma

> comprimirão seu peito por toda sua vida, até o seu último suspiro. A partir de seus nove anos, quase tudo lhe é interditado: as viagens, o espírito das brincadeiras, o movimento, a exuberância, tudo o que se chama infância. Assim, desde cedo, ele se torna observador, sensível, nervoso, irritável, um ser com nervos e com os sentidos de uma inaudita delicadeza. [...] Sua percepção, com isso, se torna ainda mais refinada sobre tudo o que é humano. As inflexões de uma conversa, o grampo no cabelo de uma mulher, a maneira que alguém se senta à mesa e depois se levanta, todos esses ornamentos mais refinados da vida em sociedade se apegam à sua memória com uma consistência inigualável. (Zweig, 2020: 211-212)

Em Sartre, o interesse pela fineza sociológica de *Em busca do tempo perdido* certamente decorre diretamente de uma experiência social. Como eu assinalei na nota precedente, não é acidental, por certo, que o conjunto do intertexto mobilizado em "A criança e os grupos" remeta a um mesmo intertexto alsaciano que evoca a infância e a educação do pequeno Jean-Paul no seio da família Schweitzer.[22] A história familiar de Marcel Proust, de quem a família materna, os Weil, é também alsaciana, só traz uma discreta confirmação, que a bela investigação de Antoine Compagnon (2022: 16) recordou, recentemente, de maneira notável. De nossa perspectiva, entretanto, antes de chegar ao modo como Sartre, à sua maneira, em 1949, assumiu a reconfiguração em curso do paradigma da socioantropologia francesa de inspiração durkheimiana (ou maussiana), convém, de preferência, que nos detenhamos na descoberta que representa para ele a possibilidade de *sentimentos intersubjetivos*, que ele colocou em evidência através da recuperação das cenas e dos exemplos proustianos. Isso permitirá, de passagem, esclarecer o enigma do qual partimos, esse famoso, mas enigmático muro, presente no exemplo da *Crítica da razão dialética* e já, também, no manuscrito "A criança e os grupos", que reúne, mais do que separa, os dois protagonistas da cena.

De onde poderia vir esse muro, se não isolarmos a passagem em questão, na idiossincrasia da *Crítica*? Como esse exemplo poderia inscrever-se na reflexão fenomenológica de Sartre sobre os valores desencadeada na sequência de *O ser e o nada*?

Uma descrição fenomenológica dos valores: Sartre depois de Scheler, por exemplo(s)

Para responder a essa questão, convém-nos voltar ao quadro geral das reflexões morais de Sartre nos anos 1940, tal como se pode tomar conhecimento delas em 1983, desde duas publicações paralelas: os *Cadernos para uma moral* e a primeira edição do *Diário de uma guerra estranha*, redigido por Sartre em 1939-1940, e cujo terceiro caderno, publicado à frente na edição de 1983, proporciona uma visão geral esclarecedora sobre a evolução da questão moral em Sartre, a partir de sua entrada na École Normale Supérieure (Sartre, 2010b: 361-371). Sartre admite, nesse contexto, a importância que teve para ele a leitura de Max Scheler, pelo reconhecimento de uma interrogação moral específica relativa à existência de um dever-ser, de um ser para além do ser, irredutível à abstração do imperativo categórico kantiano.

> A questão complicou-se por volta dessa época porque a leitura de Scheler me fez compreender que existiam *valores*. No fundo, até aí, totalmente absorvido pela doutrina metafísica da salvação, eu não havia compreendido bem o problema específico da moral. O "dever-ser" parecia-me

representado pelo imperativo categórico, e como eu o repelia, parecia-me que eu repelia o ser com ele. Porém, quando eu compreendi que existiam naturezas próprias, dotadas de uma existência de direito e que se chamava de valores, quando eu compreendi que esses valores, proclamados ou não, regulavam cada um de meus atos e de meus julgamentos e que, precisamente, sua natureza era de "dever ser", o problema se tornou enormemente complicado. [...] O que me restava era começar tudo de novo. (Sartre, 2010b: 371)

Muitos comentadores francófonos de Scheler assinalaram essa dívida de Sartre em relação ao filósofo alemão, morto prematuramente em 1928. Henri Leroux insistiu, notadamente (1994: 352), sobre a maneira com a qual a teoria scheleriana da hierarquia dos valores sustenta a moral da generosidade proposta por Sartre nos *Cadernos para uma moral*. As páginas dos *Cadernos* que propõem uma pequena fenomenologia da *ajuda* estão entre as mais belas das "Notas para uma grande moral" que Sartre projetava escrever ao final dos anos 1940: elas baseiam-se na ideia scheleriana de que um valor tende sempre a ser realizado no mundo e, assim, na relação com outrem, sobre o "preconceito favorável" de que convém *a priori* "ajudar alguém a buscar e alcançar seu fim, qualquer que seja" (Sartre, 1983: 286). Bruno Frère, por sua vez, insistiu sobre a afinidade entre as teorias da intencionalidade defendidas por Scheler em *O formalismo na ética – Der Formalismus in der Ethik und die materiale Wertethik* (1913/1916) e por Sartre em *A transcendência do ego*, considerando que os dois filósofos refutaram a virada transcendental efetuada por Husserl entre as *Logische Untersuchungen*, de 1901, e as *Ideen 1*, de 1913 (Frère, 2004).

Do lado dos estudos sartrianos, os principais comentadores da moral sartriana contentaram-se em tomar nota, de maneira global, da influência da fenomenologia dos valores scheleriana sobre Sartre. Nas suas anotações sobre o *Diário de uma guerra estranha*, Juliette Simont encontra o sinal da *Wertethik* scheleriana nas "Perspectivas morais" que fecham *O ser e o nada*, nas quais Sartre escreve que "a ontologia e a psicanálise existencial (ou a aplicação espontânea e empírica que os homens sempre fizeram dessas disciplinas) devem desvelar ao agente moral que ele é *o ser por quem os valores existem*" (Sartre, 1943: 675).[23] Gérard Wormser extrai as consequências disso para o projeto moral com o qual Sartre prolonga *O ser e o nada*. Ele é certamente o comentador que dedicou mais atenção à leitura sartriana de Scheler. No entanto, ele só estabelece uma relação muito geral, que não dá qualquer precisão sobre as leituras de Sartre. De sua relação com a ética scheleriana, G. Wormser retém apenas, primeiramente, que Sartre, nos *Cadernos para uma moral*, "combina a tipologia dos comportamentos com a hierarquia dos valores, de acordo com a qual a liberdade transparece mais ou menos" e, em segundo lugar, em oposição à moral kantiana, que os valores "igualmente, são maneiras de esboçar um porvir, em relação concreta com os modos de existência do sujeito e com suas maneiras de ser no mundo" (Wormser, 2005: 73).

Contenta-se, por conseguinte, em assinalar com boa consciência que Sartre leu *Natureza e formas da simpatia* e *O homem do ressentimento*, cujas traduções francesas foram lançadas, respectivamente, em 1928 e em 1933, e que ele devia ter algum conhecimento do grande livro de Scheler sobre a ética. Isso é tudo. O interesse recente da fenomenologia, não somente pela intencionalidade afetiva, mas também pela intencionalidade prática, permite, entretanto, fazer um pouco mais e identificar um lugar preciso de discussão que Sartre instaura com o livro *Der Formalismus in der Ethik und die materiale Wertethik*. Como o próprio Sartre sugeriu em *Questões de método*, é possível pensar que ele leu este livro em alemão, durante a sua estada em Berlim em 1933-1934,[24] muitos anos antes da sua tradução francesa pela "Bibliothèque de Philosophie" da Gallimard (Scheler, 1955). Recorde-se que o livro de Scheler foi publicado inicialmente em 1913 e 1916, nos dois primeiros números do *Jahrbuch für Philosophie und phänomenologische Forschung*, a revista de Husserl, que este havia aberto com a publicação das *Ideen 1*. Pode-se pensar que, em um contexto muito marcado pela ascensão da fenomenologia heideggeriana, na França como na Alemanha, Sartre reteve do livro de Scheler sua insistência sobre a intencionalidade prática ordinária. Nós veremos em breve como isso aponta diretamente para o manuscrito "A criança e os grupos".

Em um artigo notável, Paul Slama mostrou recentemente (2019: 653-682) a operação de retomada da intencionalidade husserliana que é realizada por Heidegger e, antes dele, por Scheler, na direção de uma intencionalidade prática e social. É nessa "fenomenologia do instrumento" que devemos concentrar nossa atenção. A atenção voltada ao conceito husserliano de "horizonte" (Slama, 2019: 658)[25] permite aos dois fenomenólogos, com efeito, considerar, em um primeiro tempo, que "o horizonte de minha percepção é o quadro social onde eu me inscrevo, rico de contextos que dão sua atenção e seus objetos ao ato intencional". Assim, em um segundo tempo, ela permite redefinir o objeto intencional husserliano como instrumento, como uma coisa inscrita em um circuito de utensilidade, o qual requer que se "levem em conta as normatividades sociais desde o nível perceptivo" (Slama, 2019: 654). Essa descrição da intencionalidade prática não pode deixar de evocar a consideração do social que Sartre identifica, igualmente, com o nível da percepção mais elementar, em "A criança e os grupos". O jogo de ecos mostra-se ainda mais insistente quando nos detemos, como P. Slama nos convida a fazer, nos exemplos utilizados por Scheler, no terceiro capítulo de seu livro, para descrever essa intencionalidade prática.

> O pequeno-burguês resta um pequeno-burguês, o "boêmio" resta "boêmio", e só se torna "ambiente" para eles aquilo que porta em si as estruturas axiológicas das suas atitudes. Homens pertencem a uma unidade-de-estado, a uma unidade--de-raça ou de-povo, a uma unidade-de-profissão etc., e, finalmente, todos os indivíduos levam com eles, assim a estruturação do seu ambiente. A mesma floresta é igualmente um outro "ambiente" para o guarda florestal, para o caçador, para o caminhante; exatamente como ela é um outro ambiente para o veado e para o homem, e que difere também para uns e outros o lagarto que vive na floresta. Porém, prestemos bem atenção: quando nós dizemos que na mesma floresta são dados ambientes diferentes, por exemplo, ao caminhante, ao caçador etc., não queremos dizer: 1º que se trataria simplesmente de diferentes interesses, que levam os homens à floresta; 2º que esses homens efetuariam simplesmente, em relação à floresta, *atos de atenção* de diversos graus [...]. Pelo contrário, qualquer que seja o modo com o qual podem ser dados os atos que acabamos de dizer, é necessário, sempre, que um objeto pertença, logo de início, a um "ambiente" para poder tornar-se conteúdo de um tal ato com todas suas possibilidades de expansão. Em outros termos, os atos dos quais se trata, o fato de "ter interesse", a "atenção" passiva e ativa, a "percepção" se confrontam imediatamente com o ambiente, como contra um *muro sólido* que eles não podem atravessar. (Scheler, 1955: 161-162)

A metáfora do "muro" retorna algumas linhas depois:

> No seu ambiente, é, às vezes, para isso, às vezes, para aquilo, que o indivíduo presta atenção; às vezes, isso, às vezes, aquilo, que ele "procura"; na mesma coisa da floresta-do-caçador, o caçador observa ora um traço, ora outro; ora um processo, ora outro. Porém, fazendo assim, ele não penetra *jamais no ambiente do caminhante*. O que é claro, também, é que o ambiente é dado nas ações-eficazes vividas-por-experiência-vivida, jamais, por conseguinte, em uma pesquisa; é *no* ambiente que se pode procurar, prestar atenção, ora a isso, ora àquilo. Para essas atividades e a sua medida, o ambiente constitui, certamente, um muro duro-como-aço. (Scheler, 1955: 162-163)

Nas mesmas páginas, dois outros exemplos chamam a atenção. O primeiro descreve a atenção de uma mãe que "se acorda com o menor ruído que vem de seu filho ou que lhe concerne" (Scheler, 1955: 163). Scheler comenta: "esse despertar que se produz mesmo no caso de um sono muito profundo é determinado pelo interesse que ela tem nesse filho. Suprimamos essa função 'indicadora' do ruído, orientada 'para a criança', o mesmo ruído, com a mesma intensidade e a mesma capacidade de fazer acordar a intenção passiva, poderá muito bem deixar a mãe dormir (por mais forte que seja essa intensidade e essa capacidade)" (Scheler, 1955: 163-164). O outro exemplo, que completa a série de exemplos apresentados por Scheler nessa seção de seu livro, apresenta uma forma exemplar típica que se encontra *mutatis mutandis* nas duas versões do exemplo sartriano:

> Tomemos, por exemplo, dois camponeses que fazem uma transação relativa a uma fazenda (na medida em que se comportam como camponeses); quando se trata para eles

> de considerar o edifício principal, o estábulo, o estado das coisas etc., de fato, é um mesmo ambiente que lhes é dado a ambos; em outros termos, são as mesmas unidades-reais, correspondentes à sua profissão comum com os campos-de-ação próprios, que *vivem* através do seu esforço de atenção e que *agem-eficazmente* sobre eles. E essas unidades seriam seguramente muito diferentes, por exemplo, se fosse um pintor que quisesse pintar a fazenda. (Scheler, 1955: 168)

A leitura dessas poucas páginas do *Formalismo em ética* sugere que elas puderam suscitar o interesse de Sartre duradouramente e constituíram para ele um reservatório de exemplos. A natureza dos exemplos, a sua forma, assim como a diversidade de posições sociais que foram retomadas, fazem pensar que o exemplo de Sartre propõe uma reescritura virtuosa sustentada pelas qualidades literárias de nosso autor. Também nos impressiona a presença insistente desses *muros* muito *sólidos* que separam os diferentes ambientes práticos e éticos, correspondentes às diferentes pessoas implicadas. Ao mesmo tempo, não se podem deixar de relevar as diferenças significativas entre as duas passagens. Seria possível dizer que Sartre toma a metáfora de Scheler ao pé da letra: o muro, que passa de um texto ao outro, é um "verdadeiro" muro que corta a cena em duas, e separa, materialmente, as duas pessoas que são percebidas (por uma terceira pessoa) na situação em causa. Porém, constata-se também que essa recuperação literal é paradoxal, na medida em que a separação, que deveria separar, no exemplo, o jardineiro do pedreiro, incapazes de se ver, incapazes de se ver por causa do muro da propriedade burguesa que se interpõe entre eles, em realidade, é um dispositivo que autoriza Sartre a ultrapassar o nível das relações intersubjetivas para acessar uma experiência, até mesmo uma intuição do social e suas contradições.

Marcado, talvez, pela leitura das observações finais de Bernard Groethuysen em sua *Introdução à filosofia alemã desde Nietzsche*, Sartre certamente reconhece que Max Scheler identificou um registro próprio à filosofia, o registro dos valores. O mundo dos valores revela-se, por um lado, irredutível à ordem dos fatos, reservado às ciências, por outro, irredutível à ordem da ficção, que é o apanágio da literatura ou da poesia (Groethuysen, 1926: 123-124).[26] Todavia, Sartre recusa de Scheler a consequência de que o estudo do mundo dos valores estabelece um "relativismo vital".[27] Como já tivemos ocasião de constatar, o desafio de Sartre em 1949 é questionar o mundo social e político a partir do valor supremo da liberdade – ou da generosidade. É por isso que Sartre, em "A criança e os grupos", finalmente se engaja em uma discussão com Simone de Beauvoir e com Lévi-Strauss na encruzilhada dos temas da infância e dos grupos, ou seja, dos problemas da educação e da violência coletiva.

Beauvoir e Lévi-Strauss por antecipação: o indivíduo e o social, a criança e os grupos

O primeiro tomo do *Segundo sexo* apareceu em 24 de maio de 1949. *As estruturas elementares do parentesco* foi lançado alguns dias depois, em junho de 1949. Retrospectivamente, as duas obras constituem acontecimentos do ano de 1949 que carregam seus efeitos até hoje e apresentam, além disso, dois pontos em comum: "dois livros densos, frutos de um longo descascamento bibliográfico e, ao mesmo tempo, solidamente aparelhados no plano conceitual, valendo-se de armaduras teóricas", resume Emmanuelle Loyer (2015: 347), a biógrafa de Lévi-Strauss. Porém, nessa época, é a obra de Beauvoir que deu destaque ao livro de Lévi-Strauss, o qual somente circulará, durante dez anos, em uma "quase clandestinidade" (Loyer, 2015: 348). De um lado, as primeiras páginas do *Segundo sexo* se beneficiam da leitura que Beauvoir pôde fazer antes da publicação das *Estruturas elementares*: a tese de Lévi-Strauss deu-lhe "uma descrição empírica das relações entre homens e mulheres na diversidade de suas combinações" (Loyer, 2015: 346). De outro lado, Beauvoir publica uma resenha bastante favorável do livro de Lévi-Strauss em *Les Temps Modernes*, em novembro de 1949.[28] O título do manuscrito de Sartre, "A criança e os grupos", remete a essa configuração particular das obras de Beauvoir e de Lévi-Strauss, das quais Sartre tinha um conhecimento privilegiado. Eu gostaria de mostrar, antes de concluir, que o manuscrito de Sartre antecipa a publicação dessas duas obras maiores do pensamento francês contemporâneo, que são *O segundo sexo* e *As estruturas elementares do parentesco*, e identifica nelas dois problemas que logo vão se impor como fundamentais em seu pensamento.

A já referida passagem do manuscrito, dedicada à relação alterada entre o ladrão e o valor, propõe uma comparação com a situação das mulheres no mundo masculino e faz, assim, um resumo eficaz do *Segundo sexo*.

> Não há reciprocidade, isto é, o ladrão não considera os Outros como Outros para ele enquanto ele é Outro para eles. Como a mulher no universo masculino, ele é o Outro absoluto. Ele reconhece a sociedade como sociedade *do mesmo*, onde a reciprocidade da Alteridade cria uma intersubjetividade. E como ele está fora dela, ele se deixa definir por sua atitude em relação a ela, ou seja, *a partir dela*.

> Todos os valores são derivados, invertidos, alterados, devolvidos. Incluindo as relações que existem entre os ladrões. [f. 53-54]

Esse resumo se inscreve em uma discussão mais vasta com o trabalho sobre a moral que Simone de Beauvoir implementa desde 1945, a propósito do que Sartre designa várias vezes em "A criança e os grupos" como nossa "iniciação" no mundo [f. 22, 30, 40 e 41]. Voltando-se a Piaget em *Para uma moral da ambiguidade*, em 1947, Beauvoir insiste sobre a situação de dependência da criança em um mundo pleno de segredos, cujos pais são os orquestradores quase divinos. A base da psicologia genética que Piaget elabora, na esteira de seu mestre Claparède, pode ser resumida na fórmula cartesiana de acordo com a qual "nós fomos crianças antes de sermos homens",[29] que se reencontra em "A criança e os grupos" [f. 29], depois de ter figurado na moral beauvoiriana.[30] Uma vez mais, o manuscrito de 1949 faz um resumo dela na passagem seguinte.

> Em uma palavra, a criança aparece em um mundo carregado de segredos, onde todos os objetos lhe escapam e são feitos para esses semideuses que são os adultos. Ela tentou, por capricho, dar uma tragada em um cigarro. Ela cospe e tosse, porém, não compreende o prazer manifesto do pai em fumar. Explicam-lhe que ela conhecerá esse prazer "quando ela for grande". Assim, ela deseja desejar para ser grande e deseja ela ser grande para fazer o inventário desse mundo tão próximo e, porém, desconhecido. Seus primeiros desejos são os primeiros passos às apalpadelas no mundo do outro. [...] Possuir será a iniciação definitiva e a transformação da criança em um Outro. [f. 40-41]

Encontra-se aí a fonte do problema da infância em Sartre. Esse problema surge em Beauvoir em 1945, em sua resenha da *Fenomenologia da percepção* de Merleau-Ponty.[31] O que chama a atenção de Beauvoir na *Fenomenologia da percepção* não é a descrição da presença no mundo da consciência (Merleau-Ponty, 1945); ao contrário, é a impossibilidade de poder ter essa experiência. As primeiras palavras de Beauvoir são para fustigar a educação: "Uma das finalidades essenciais que a educação da criança se propõe é de lhe fazer perder o sentido de sua presença no mundo" (Beauvoir, 1945: 363). Para Beauvoir, o desafio ético do livro de Merleau-Ponty é, por conseguinte, de "devolver ao homem essa audácia infantil da qual os anos de docilidade verbal o despojaram: a audácia de dizer 'Eu estou aqui'" (Beauvoir, 1945). Simone de Beauvoir não tinha concebido ainda o projeto do *Segundo sexo*. Nesse primeiro ano do pós-guerra, o seu problema é o da "questão do retorno" da liberdade concreta nas sociedades democráticas. Ela vê, portanto, a necessidade de pensar os bloqueios existenciais e políticos que resultam de certas condições, como as do judeu, do negro, do colonizado ou da mulher, que prenderá em breve a sua atenção (Beauvoir, 2003: 49-51).

Essa problematização da infância se encontra, evidentemente, de maneira crucial, no *Segundo sexo*. Ela é diretamente implicada pela fórmula célebre, "Não se nasce mulher, torna-se mulher" (1949a: 285). Mais do que ser aquilo que elas se fazem, as mulheres estão condenadas a se tornarem o que se faz delas e se encontram acorrentadas a uma ordem social que as força a serem outras do que elas são e as faz até mesmo de cúmplices dessa submissão. O problema da infância toma então uma forma totalmente diferente daquela que Piaget lhe dava: a infância não aparece mais como um período dominado pelo pensamento mágico e por uma forma de desengate em relação ao mundo, como um tipo de indiferença sem limites ao que constitui o mundo em suas determinações materiais, racionais e sociais. Trata-se muito mais de um momento em que uma subjetividade pode fazer a experiência muito material, incluindo o mais íntimo dela mesma, daquilo que o mundo no qual ela surge é determinado pelos valores que limitam e constrangem muito fortemente, até em seu corpo, suas possibilidades de existência.

Nessas condições, a fenomenologia existencialista se encontra no terreno da tradição sociológica francesa. Como se sabe, os *Cadernos para uma moral* propõem uma longa discussão acerca do *Ensaio sobre o dom* de Mauss.[32] As diferentes temáticas abordadas por Sartre em "A criança e os grupos" – luxo, roubo, *potlatch*, sagrado etc. – prolongam essa discussão.[33] A questão do grupo, ou melhor, dos grupos nasce no mesmo contexto teórico como um desafio novo, em uma época marcada pela violência das guerras de massa.

Um texto de Claude Lévi-Strauss certamente acompanhou a proposta de Sartre, "A política estrangeira de uma sociedade primitiva",[34] publicado na revista *Politique étrangère*, em maio de 1949. Sartre provavelmente tomou conhecimento do texto de Lévi-Strauss na ocasião da conferência que ele fez em 24 de abril de 1949,[35] no *Centre d'études de politique étrangère*, que é o editor dessa revista. E ele conhecia talvez uma versão anterior desse texto, publicada nos Estados Unidos, durante a guerra: "Guerra e comércio entre os índios da América do Sul" (Lévi-Strauss, 1943).[36] Cito uma última vez "A criança e os grupos":

> *O assassinato*: tomado absolutamente, é matar a galinha dos ovos de ouro. É destruir o valor ao mesmo tempo que a sua fonte. O fim está aí: destruindo o proprietário, eu

destruo o sistema existencial onde o objeto tinha uma dimensão outra. [...] O assassinato instaurado como sistema é a negação revoltada de todos os valores, ao mesmo tempo que o desvelamento, pelo desejo, desses valores que se negam. Se a guerra se transforma regularmente em comércio, essa contradição profunda do assassinato não lhe é estranha. [f. 43]

Na esteira do *Ensaio sobre o dom*, o artigo de Lévi-Strauss (1949: 146) insiste sobre a continuidade entre a guerra e o comércio, sob o risco de um conflito violento que é inseparável da instituição de alianças e de colaborações. A principal tese desse artigo identifica a condição de possibilidade dessa conversão da agressividade em cooperação, a saber, que para todas as sociedades primitivas a humanidade é sempre limitada a certos grupos humanos. Mais do que encontrar nessa "denegação de humanidade" (Lévi-Strauss, 1949: 149) uma fonte de agressividade relativamente àqueles que aparecem como estrangeiros, Lévi-Strauss observa, ao contrário, que os estrangeiros são o objeto de técnicas de evitação, enquanto a agressividade só existe embutida em "relações internas" (1949: 150), com uma série de grupos concretos aos quais um grupo determinado está ligado. Contrariamente às sociedades modernas que transferem as relações bélicas para a sua política externa, as sociedades primitivas geram o antagonismo no interior do grupo social, organizando-o e estilizando-o nos encontros que são tanto festas como partidas de luta.

[N]ós perdemos a possibilidade de pensar essa humanidade indefinidamente alargada como um conjunto de grupos concretos entre os quais se deve estabelecer um equilíbrio constante entre a competição e a agressão com

> os mecanismos preparados de antemão para amortecer as variações extremas suscetíveis de se produzir nos dois sentidos [.] (Lévi-Strauss, 1949: 151)

As sociedades primitivas conjuram, assim, a possibilidade de uma guerra total, na medida em que, como sociedades fechadas, elas se beneficiam da "atitude de cada grupo em se pensar como grupo, em relação e por oposição a outros grupos" (Lévi-Strauss, 1949: 152).[37]

Se articularmos "A criança e os grupos" e a *Crítica da razão dialética*, aparece o seguinte. Pode-se ver na exposição da *Crítica* um tipo de atalho do manuscrito de 1949: na *Crítica*, o exemplo da percepção originária do grupo é imediatamente seguido de uma referência às *Estruturas elementares do parentesco*, de um Lévi-Strauss instalado, nesse momento, no *Collège de France*. Recorda-se que o problema da infância é o ponto de partida da biografia de Genet que Sartre empreende desde 1950, na sequência imediata da publicação do *Segundo sexo* e das *Estruturas elementares do parentesco*. Como observou Mathieu Pams, o *Saint Genet, ator e mártir* faz Sartre passar da ontologia da má-fé de *O ser e o nada* a uma interrogação ética e política: "o que fazer quando a situação é falseada por uma alienação primeira?" (2015: 188). Na *Crítica da razão dialética*, o texto sartriano contenta-se em afirmar a tese em questão, sem lembrar a sua origem, senão por uma recuperação das posições doravante conhecidas da antropologia estrutural. O exemplo do intelectual que vê de sua janela um jardineiro e um pedreiro se encontra, como vimos, nas páginas 213-216 da *Crítica da razão dialética*; muitas citações de Lévi-Strauss seguem às páginas 219-220. Assim, Sartre se permite evitar o problema da infância para pensar a articulação necessária entre "o ponto de vista das sociedades fechadas" e a possibilidade de pensar "o grupo em fusão" (1985: 449 e ss). E não deixa de reencontrar, nessa articulação, a lição do artigo de Lévi-Strauss publicado em *Politique étrangère*: de uma sociedade fundada não sobre uma fusão por baixo ou pelo alto, mas uma "organização dualista" que institui a reciprocidade como "relação no interior da totalidade" (Sartre, 1985: 220).

O manuscrito de 1949 não é de forma alguma, portanto, negligenciável, e o exemplo da criança que apreende imediatamente a existência de grupos em torno a ela determinou, em profundidade, importantes desenvolvimentos posteriores da obra de Sartre. Paradoxalmente, é provavelmente por essa razão que, após a publicação da *Crítica da razão dialética*, Sartre pôde tranquilamente vender o seu manuscrito – que ele tinha, sem dúvida, relido no movimento de redação da *Crítica*. A demonstração é, portanto, quase completa: o manuscrito "A criança e os grupos" recuperou sua identidade de texto durante "o trabalho" do presente estudo sobre um aspecto pouco conhecido do projeto moral sartriano que, porém, sempre foi conhecido dos especialistas de Sartre, no entanto, sem jamais receber a atenção que ele poderia merecer. Resta-nos responder a esse último desafio, quase secreto, do manuscrito de Sartre. Quais (boas) razões haveria, apesar de tudo, para não o ter levado em consideração durante um tão longo período?

Perspectivas conclusivas: o valor de (escrever) um texto absolutamente contemporâneo

Para responder a essa questão, vamos começar com as pistas textuais que identificamos até aqui. As leituras de Sartre que afloram em "A criança e os grupos" concentram-se na virada dos anos 1948-1949. Elas indicam que o manuscrito, se quiséssemos tentar datá-lo com a maior precisão, provavelmente não poderia ter sido redigido antes do mês de maio de 1949 e, basicamente, ele não poderia ter sido estendido além de junho de 1949. Essa impressionante "contemporaneidade" do texto de Sartre não pode deixar de nos fazer pensar. Mais uma vez, nós seremos ajudados nessa tarefa por um estudo de época, assim como pudemos contar, no que precede, com a vigilância crítica de Raymond Ruyer (e de Jan Patočka) e de Henri Peyre. Em dezembro de 1948, a questão da contemporaneidade da obra de Sartre chamou a atenção de Thierry Maulnier, famoso oponente de Sartre, em um artigo inteligentemente nomeado "'Situações' e situação de Sartre" (1948), publicado na revista *Hommes et mondes*.

O artigo tem por ocasião a publicação dos dois primeiros volumes das *Situações* em 1947, com as *Críticas literárias*, em 1948, e com a publicação do segundo volume da série, constituído principalmente por *Que é a literatura?* Para Maulnier, o sucesso de Sartre não é (principalmente) ligado à filosofia sartriana da liberdade, da transcendência e da responsabilidade, mas sim à maneira com a qual Sartre apareceu a seus leitores, nomeadamente, como "um contemporâneo":

> Há outra coisa: essa outra coisa é incontestavelmente um acordo entre Jean-Paul Sartre e sua época. Pode-se ser um escritor de grande mérito e estar em atraso com a sua época, ou à sua frente, ou à frente e em atraso ao mesmo tempo. Sartre encontrou-se por completo com a sua. Ele lhe estendeu o espelho, onde ela se reconheceu. Pode-se dizer, em certo sentido, que ela o esperava. (Maulnier, 1948a: 690)

A proposta pode parecer trivial. Não obstante, ela se interroga sobre o regime de historicidade da obra de Sartre em 1949. Maulnier conclui seu artigo afirmando a hipótese de que a obra de Sartre poderá logo adquirir ou reivindicar "um valor inteiramente diferente" daquele que está associado à articulação que predominava em 1948, do ponto de vista do próprio Sartre, entre literatura e "ação sobre sua época":

> A resposta que lhe dará o porvir será ela a mesma que ele se dá e nos dá? Eu não acredito. Pois eu acredito que a obra de Sartre é suscetível de tomar, no fim das contas, para além e a despeito de seu sucesso atual, um valor bem diferente daquele que ele pretende dar-lhe, limitada a esse sucesso e como que definida em função dele. (Maulnier, 1948a: 691)

Poderia Sartre ter desejado responder à crítica de Maulnier e ao chamado que ela contém?[38] Ou, simplesmente, Sartre teria desejado responder sobre esse "acordo" com a sua época? O manuscrito da primavera de 1949 apresenta-se, em todo caso, como um texto absolutamente contemporâneo ao que se publica e àquilo que se reflete da época nas publicações do ano em curso. Sartre assume estar ali como que confinado e podem-se constatar com ele os jogos de espelho e reflexo que sua obra suscita em gêneros e registros diferentes, com uma verve crítica e intensidades diversas. O manuscrito "A criança e os grupos" reforça, assim, a situação de Sartre. Porém, torna manifesta outra coisa: esse modo de se fazer absolutamente contemporâneo autoriza Sartre a abrir espaço a outros regimes e outras formas de escritura, de pensamento e de engajamento. Sem brilho polêmico, Sartre reescreve em seu manuscrito a situação que é a sua, explorando os sentidos e direções possíveis do existencialismo e da literatura engajada. Na junção das obras de Beauvoir e de Lévi-Strauss, o problema da infância e o problema dos grupos dão, de certa forma, retrospectivamente, se quisermos lê-los assim, uma prefiguração surpreendente. O esquecimento indiferente do manuscrito "A criança e os grupos" era a condição de possibilidade dessa produtividade teórica. Provavelmente, é tempo de fazer justiça a esse texto absolutamente contemporâneo dele mesmo, que gerou, espantosamente, sem solução de continuidade, uma parte determinante da reflexão ética e política de Sartre, de 1950 a 1980.

Tradução de Fabio Caprio Leite de Castro

Notas

1 Com a publicação das quatro primeiras folhas do manuscrito, Cormann, 2021a: 144-147. O texto dessas páginas foi estabelecido juntamente com Jean Bourgault.

2 Uma descrição completa do manuscrito é dada no artigo citado na nota precedente. O manuscrito de "A criança e os grupos" é conservado nos Fundos Sartre do Harry Ransom Humanities Research Center da Universidade de Austin (Texas, Estados Unidos) sob a notação "269.7, Lake/Sartre, Jean-Paul / Works" (collection Carlton Lake, caixa 269, dobrador 7) com o título: "L'enfant et les groupes"/ Ams with a few A. emendations in a black notebook [66 p.].

3 Nessa época, Sartre redige uma dezena de cadernos cujos dois primeiros foram publicados em 1983, nos *Cadernos para uma moral* (Sartre, 1983). Nesse vasto esforço de escritura, que se estende de 1946 ou 1947 até 1949, sabe-se pelo menos de um outro documento, publicado pela Gallimard em 1989, por Arlette Elkaïm-Sartre, *Verdade e existência* (Sartre, 1989). O volume aparece como um comentário e uma discussão sobre um livro de Heidegger, *Da essência da verdade*, publicado em tradução francesa em 1948. Sabe-se também que Sartre havia empreendido um estudo biográfico consagrado a Nietzsche (que tinha contado muito em sua formação filosófica). O manuscrito foi perdido, mas encontra-se uma evocação desse trabalho no artigo "Defesa da cultura francesa pela cultura europeia", publicado na revista *Politique Étrangère*, em 1949. Voltaremos, ao final do trabalho, a esse último artigo.

4 Consultar sobre esse tema: Bourgault, 2019.
5 Ver a reprodução da primeira folha do manuscrito em: Cormann, 2021a: 144. Os trechos do manuscrito, sejam publicados ou inéditos, são indicados pelo número da folha correspondente colocado entre colchetes.
6 Em seu artigo, Daniel Giovannangeli (2014) desenvolve a leitura da *Crítica da razão dialética* sustentada por Pierre Verstraeten (1990) contra a interpretação que Jacques Rancière havia feito sobre esse exemplo de Sartre.
7 Em outro texto, eu mostrei como Sartre evita o problema da infância no conjunto de sua obra fenomenológica, desde *A transcendência do ego* até *O ser e o nada*. Sartre retoma e aprofunda, a partir de então, a crítica epistemológica e política que é formulada pelo pensamento francês dos anos 1930, notadamente por Henri Delacroix e Marcel Mauss, em conflito com a psicologia genética de Jean Piaget. Sobre esse ponto, ver: Cormann, 2022: 173-206.
8 A tradução de Barsacq foi publicada originalmente em 1953 em uma edição do *Teatro de Gogol*. Ela foi recuperada nas *Obras completas* pela edição Pléiade. Existem, atualmente, muitas traduções francesas de *O inspetor geral* [*Le Révizor*].
9 No que concerne à relação entre Sartre e Dullin, remeto ao livro bem informado de Vincenzo Mazza, *Albert Camus e O Estado de Sítio. Gênese de um espetáculo* (2017).
10 Para a descrição da direção da peça por André Barsacq, consultar o folheto da peça no catálogo da BNF, https://data.bnf.fr/fr/39462963/le_revizor_spectacle_1948/. Anteriormente, a peça havia sido dirigida por Louis Jouvet em 1927; mais tarde, foi defendida por Jouvet e Dullin, em 1930, quando do torneio no Teatro Meyerhold em Paris. Ver: Abensour, 1976, notadamente, p. 222 e p. 232-233.
11 Cf. Sartre, 2010a: 11. Em *Por que e como Sartre escreveu As palavras*, Jacques Lecarme (1997: 253) assinala que essa fórmula é retomada por Cocteau, que a coloca em destaque em seu *Ensaio de crítica indireta* (1932: 28).
12 Sartre reconheceu essa inspiração em uma entrevista realizada por ocasião da criação da peça *Nekrassov*, que escapou aos principais comentadores e comentadoras da peça. Ver "*Nekrassov*: Nous avons posé, avant la générale, des questions à J.-P. Sartre. Voici ses réponses", *Aux Écoutes*, 10 de junho de 1955; apud Contat; Rybalka, 1974: 311. De resto, a proximidade entre a peça de Sartre e a de Gogol só foi claramente notada por ocasião da adaptação russa, à qual ela foi, portanto, atribuída. Ver: Galtsova, 2001: 246, cuja proposta foi retomada por Jacques Lecarme (2005: 1482).

13 Citado por Ruyer, 1948: 94. A comparação da liberdade dos existencialistas franceses com a capacidade de um mágico em fazer aparecer ou desaparecer as coisas à vontade é proposta na mesma página. É provável que Ruyer interprete, neste aspecto, o pensamento sartriano a partir de *O esboço de uma teoria das emoções* e da relação deficiente que Sartre teria instaurado nesse texto entre a consciência e o corpo. Antes da guerra, em 1937, Ruyer tinha publicado um livro sobre *A consciência e o corpo* na editora Alcan. Por ocasião da recente republicação do livro, Frédéric Fruteau de Laclos lembra oportunamente que esse livro tinha aparecido na coleção "Nouvelle Encyclopédie Philosophique", que havia publicado, no ano precedente, *A imaginação* de Sartre (Cf. Ruyer, 2020).

14 Cf. Ruyer, 1946. Para a confrontação subsequente de Sartre e de Ruyer, ver Patočka, 2021: 371-410.

15 Ver Ruyer, 1946: 10: "Existir é necessariamente existir *em-si* e, por conseguinte, *para-si*. A distinção feita por alguns filósofos entre a "existência em-si" (uma árvore) e a existência para-si (um ser consciente) não é justificada." Reconhecemos, naturalmente, por trás dessa observação introdutória uma crítica ao autor de *A náusea* e da sua célebre cena do castanheiro.

16 Patočka acrescenta: "Assim desliza em nossa negação do mundo um momento pelo qual nós estamos unidos com o mundo, um momento de não negação, momento que nós somos, sem perder a consciência dele, e que limita o universo ao *nosso* mundo, embora esse mundo não seja nada além de uma fatia do universo em geral. Isso quer dizer que nós só somos originalmente uma não coisa, uma consciência, na medida em que nós somos, ao mesmo tempo, uma coisa" (Patočka, 2021: 361).

17 Ao invocar os papéis de crítico literário e de conferencista de Maurois, H. Peyre faz referência, provavelmente, à conferência "Marcel Proust et le temps retrouvé" emitida pela *La Chaîne Nationale* no dia 1º de março de 1948, que pôde ser escutada em *France Culture*, pela emissão *Grands écrivains, grandes conférences*, de Philippe Garbit, do dia 21 de agosto de 2014 (Cf. Maurois, 1948).

18 Cf. Beauvoir, 1949a,1949b.

19 Beauvoir, 1949c, 1949d, 1949e, 1949f.

20 Ver a reprodução da terceira e da quarta folhas do manuscrito em: Cormann, 2021a: 146-147.

21 O trabalho esboçado aqui será retomado em outro lugar. Ele consistirá, inicialmente, em mostrar como, em 1949, Sartre escolheu reescrever autores cujas obras foram importantes para ele no decênio precedente, ao final dos anos 1930, quando ele escreve seus primeiros textos literários, elabora o programa de sua ontologia fenomenológica e lança as bases da psicanálise existencial. Sabe-se, com efeito, que Sartre lê assiduamente Caillois e Maurois (como Ruyer, aliás) ao final dos anos 1930. O trabalho a ser feito consistirá, em seguida, em desvendar as referências que marcaram a formação filosófica de Sartre ainda no decênio anterior: por detrás do livro de Caillois, a presença do engajamento literário de Joseph Conrad, que o jovem Sartre lê no início dos anos 1920 em uma perspectiva de crítica da colonização; por detrás do Proust de Maurois, a estética da sobrepercepção, que Sartre coloca em evidência em sua *Dissertação sobre a imagem* de 1927, e que é justamente identificada por Ruyer em *O mundo dos valores*. Enfim, caberá a essa investigação posterior identificar a camada pré-reflexiva dessa poética sartriana. Nesse caso, provavelmente não é acidental que, em um trabalho que deve articular uma reflexão moral no seio do existencialismo, Sartre sature sua proposta com autores cuja trajetória familiar remete às consequências da guerra de 1870 e à escolha da França por numerosas famílias alsacianas. É essa a escolha do avô de Sartre, Charles Schweitzer. Também é essa a escolha da família de Émile Durkheim e de Marcel Mauss (à qual Raymond Aron é aparentado) e da família de Lucien Lévy-Bruhl. Igualmente, é o caso dos pais de Raymond Ruyer e de André Maurois (Émile Herzog, pelo registro civil).

22 Para uma primeira exploração do intertexto alsaciano, ver "*Empédocle*, ou comment entrer en philosophie. Sartre et la pensée allemande dans les années 1920" (apud Cormann, 2021b: 121-166). Em 2004, Contat observava que se "essas notas [do manuscrito] não se referem, explicitamente, à experiência de Sartre em sua própria família", os exemplos propostos por Sartre, em primeira pessoa, "baseiam-se em uma vivência implícita" (Contat, 2004: 156).

23 O índice produzido por Arlette Elkaïm-Sartre identifica uma série de citações e alusões a Scheler, sem que nenhuma obra específica tenha sido explicitamente citada por Sartre. No entanto, o "Index des œuvres citées ou évoquées" menciona *O formalismo em ética* de Scheler. Ver a propósito, também, Simont, Elkaïm-Sartre, 2010: 1437, nota 198.

24 Sartre, 1986: 39: "Meu livro *O ser e o nada* [...] era o resultado de pesquisas realizadas desde 1930; eu li pela primeira vez Husserl, Scheler, Heidegger e Jaspers em 1933, durante uma estada de um ano na Maison française de Berlim".

25 P. Slama refere-se, nessa passagem, notadamente, ao §27 das *Ideen*, no qual Husserl sustenta que "[o] mundo não está aí para mim como um simples mundo de coisas, mas, segundo a mesma imediatidade, como *mundo dos valores*, como *mundo de bens*, como *mundo prático*. De início eu descubro as coisas diante de mim como dotadas de propriedades materiais, mas também de caracteres de valores: elas são belas e feias, apra-

zíveis ou desprazerosas, agradáveis e desagradáveis etc. As coisas apresentam-se imediatamente como objetos usuais: a 'mesa' com seus 'livros', o 'copo', o 'vaso', o 'piano' etc."

26 As observações de Groethuysen a propósito de Scheler são breves e foram colocadas bem ao final de seu livro. Porém, sabe-se que esse livro contou para o jovem Sartre. Essas observações finais, bastante cortantes, poderiam, portanto, ser incluídas entre as premissas do projeto filosófico sartriano desde o final dos anos 1930.

27 Groethuysen, 1926: 109: "Para o ser humano, que vive e age, o mundo só pode existir, sempre, em função de uma vida. O mundo para cada um é 'seu' mundo, é o ambiente no qual ele vive, concebido sob formas mais gerais e estendido para além do que ele vê, mas que, sempre, só pode ser relativo, isto é, aquilo que não poderá ser apreendido fora de suas relações com a vida. Assim, o ser humano é naturalmente relativista. Todas as suas concepções são dominadas e lhe são inspiradas por um relativismo vital, que parece sempre ter que ligar uma à outra, a vida e a consciência."

28 Cf. Beauvoir, 1949g. Sobre a originalidade da leitura beauvoiriana de Lévi-Strauss, permito-me remeter ao meu artigo: Cormann, 2018.

29 Para recordar: Descartes, 1989: 91: "Como nós fomos crianças antes de sermos homens, e julgamos tanto bem como mal as coisas que se apresentaram a nossos sentidos, quando ainda não tínhamos pleno uso de nossa razão, muitos julgamentos assim precipitados nos impedem de chegar ao conhecimento da verdade, e nos impedem de tal sorte, que não há nenhuma probabilidade de que possamos obtê-la, se nós não nos comprometemos a duvidar uma vez em nossa vida de todas as coisas onde encontramos a menor suspeita de incerteza".

30 Beauvoir, 2003: 47 e ss. Depois disso, Piaget é citado favoravelmente por Beauvoir no *Segundo sexo*, 1949a: 293, 299. Retomo aqui uma passagem de meu estudo da relação complexa da fenomenologia existencialista à psicologia genética de Piaget. Ver: Cormann, 2022: 173-206.

31 Beauvoir, 1945: 363-367; republicado, muito recentemente, em: *Philosophie*, n. 144, "Perspectives philosophiques sur *Le Deuxième Sexe* de Simone de Beauvoir paru il y a 70 ans" (2020-2021: 7-10).

32 Ver a análise do *potlatch* em: Sartre, 1983: 382-398.

33 Sartre estabelece claramente essa relação nas primeiras páginas de "A criança e os grupos": "Eu descrevi as estruturas do dom. Resta ainda determinar as relações do dom ao valor do objeto dado pelo destinatário e à *propriedade*" [f. 59].

34 Cf. Lévi-Strauss, 1949. O artigo foi republicado duas vezes nestes últimos anos: em Lévi-Strauss, 2009, e, mais recentemente, em Lévi-Strauss, 2019.

35 A conferência de Sartre aparece em *Politique Étrangère*, em junho de 1949 (Cf. Sartre, 1949).

36 A *École libre des hautes études*, fundada em Nova York em 1942, da qual dependia a revista *Renaissance*, dava-se, então, por objetivo pensar o pós-guerra.

37 A reflexão sobre os valores que Sartre desenvolve em seu manuscrito da primavera de 1949 lhe permite refletir sobre a estrutura imperativa que corresponde a essa "vontade de fusão" [f. 18]. Ao mesmo tempo, a tematização da infância que *O segundo sexo* de Beauvoir colocou em sua agenda exibe a dimensão alienante de uma iniciação ao mundo em que a criança "se descobre [...] fazendo parte, como Outro, de totalidades concretas que são o ponto de junção de todos os Outros, enquanto eles são, eles mesmos, Outros (sociedade)" [f. 19].

38 Nas releituras que Sartre faz do *Diário de uma guerra estranha*, em 1954-1955, no "Cahier Lutèce", ele remete, na passagem a propósito de Scheler, a um outro artigo publicado por Maulnier em 1948, "Le Monde de la Terreur" (Maulnier, 1948b). (Ver Sartre, 2010c: 932, 1555).

Referências

ABENSOUR, G. "Art et politique. La tournée du théâtre Meyerhold à Paris en 1930". *Cahiers du monde russe et soviétique*, vol. 17, n. 2-3, 1976, p. 213-248.

AUDRY, C. "A la recherche de Marcel Proust, par A. Maurois (Hachette, édit.)". *Les Temps Modernes*, n. 44, junho, 1949, p. 1132-1134.

BEAUVOIR, S. de. "La *Phénoménologie de la perception* de Maurice Merleau-Ponty". *Les Temps Modernes*, n. 2, 1945, p. 363-367.

______. *Le deuxième sexe*, vol. 1, "Les faits et les mythes". Paris: Gallimard, 1949a.

______. *Le deuxième sexe*, vol. 2, "L' expérience vécue". Paris: Gallimard, 1949b.

______. "L'initiation sexuelle de la femme". *Les Temps Modernes*, n. 43, maio, 1949c, p. 769-802.

______. "La lesbienne". *Les Temps Modernes*, n. 44, junho, 1949d, p. 994-1014.

______. "La maternité". *Les Temps Modernes*, n. 44, junho, 1949e, p. 1014-1024;

______. "La maternité (*fin*)". *Les Temps Modernes*, n. 45, julho, 1949f, p. 97-133.

______. "Les Structures élémentaires de la parenté (PUF)". *Les Temps Modernes*, n. 49, novembro, 1949g, p. 943-949.

______. *Pour une morale de l'ambiguïté*. Paris: Gallimard, 2003 [1947].

______. "La *Phénoménologie de la perception* de Maurice Merleau-Ponty". *Philosophie*, n. 144, "Perspectives philosophiques sur *Le Deuxième Sexe* de Simone de Beauvoir paru il y a 70 ans", 2020/2021, p. 7-10.

BOURGAULT, J. "Notice de présentation de 'L'enfant et les groupes'". *Catalogue génétique générale des manuscrits de Sartre*, ITEM, ENS-CNRS, 2019. Disponível em http://www.item.ens.fr/catalogue-genetique-general-des-manuscrits-de-jean-paul-sartre/. Acesso em 17 maio 2022.

CAILLOIS, R. *Babel. Orgueil, confusion et ruine de la littérature*. Paris: Gallimard, 1948.

COCTEAU, J. *Essai de critique indirecte*. Paris: Grasset, 1932.

COMPAGNON, A. *Proust du côté juif*. Paris: Gallimard, 2022.

CONTAT, M. "L'enfant et les groupes". In: NOUDELMANN, F.; PHILIPPE, G. (Orgs.). *Dictionnaire Sartre*. Paris: Honoré Champion, 2004, p. 155-156.

CONTAT, M.; RYBALKA, M. *The Writings of Jean-Paul Sartre, vol. 1, A Bibliographical Life*. Evanston: Northwestern University Press, 1974.

CORMANN, G. "'Madame de Beauvoir, c'est moi.' Archéologie de la pensée française contemporaine (Sartre, Lévi-Strauss, Bourdieu)". *Veritas* (Porto Alegre), vol. 63, n. 2, 2018, p. 640-672.

______. "*Empédocle*, ou comment entrer en philosophie. Sartre et la pensée allemande dans les années 1920". *Études sartriennes*, n. 20, 2020, p. 101-146.

______. "Genèse de la *Critique de la Raison dialectique*: Le manuscrit *L'enfant et les groupes* en 1949". *Genesis*, n. 53, "Sartre-Beauvoir, regards croisés", 2021a, p. 135-147.

______. "*Empédocle*, ou comment entrer en philosophie. Sartre et la pensée allemande dans les années 1920". *Sartre. Une anthropologie politique, 1920-1980*. Bruxelas: Peter Lang, 2021b, p. 121-166.

______. "Sartre/Piaget, les deux problèmes de l'enfance". In: AUDIDIÈRE, S.; JANVIER, A. (Orgs.). *Il faut éduquer les enfants. L'idéologie de l'éducation en question*. Lyon: ENS Éditions, 2022, p. 173-206.

DESCARTES, R. "Principes de la philosophie". *Œuvres philosophiques*, t. III, edição de Ferdinand Alquié. Paris: Bordas, 1989.

ÉTIEMBLE. "Babel. I. De la lettre au lettrisme". *Les Temps Modernes*, n. 43, maio, 1949a, p. 877-887.

______. "Babel. II. Du lettrisme aux lettres". *Les Temps Modernes*, n. 44, junho, 1949b, p. 1080-1089.

______. "Babel. III. Retour à France". *Les Temps Modernes*, n. 45, julho, 1949c, p. 134-142.

FRÈRE, B. "Phénoménologie et formalisme. Remarques sur le *Formalisme en éthique* de Max Scheler". *Archives de philosophie*, vol. 67, n. 3, 2004, p. 445-464.

GALSTER, I. *La naissance du "phénomène Sartre". Raisons d'un succès 1938-1945*. Paris: Seuil, 2001.

GALTSOVA, É. "'La Putain respectueuse' et 'Nekrassov' en URSS: Foxtrot avec Jean-Paul Sartre". *Études sartriennes*, n. 8, 2001, p. 221-252.

GIOVANNANGELI, D. "Ontologie phénoménologique et anthropologie chez Sartre". CORMANN, G.; FERON, O. (Orgs.). *Questions anthropologiques et phénoménologie*. Bruxelas: Ousia, 2014, p. 13-24.

GOGOL, N. *Le Révizor*. Tradução de André Barsacq. Paris: Gallimard, 2013.

GROETHUYSEN, B. *Introduction à la philosophie allemande depuis Nietzsche*. Paris: Stock, 1926.

LACAN, J. "Les complexes familiaux dans la formation de l'individu. Essai d'analyse d'une fonction en psychologie". *Encyclopédie française*, vol. 8, "La vie mentale", 1938.

LECARME, J. "Sartre palimpseste". In: CONTAT, M. (Org.). *Pourquoi et comment Sartre a écrit "Les Mots"*. Paris: PUF, 1997, p. 183-291.

______. "Notice de *Nekrassov*". SARTRE, J.-P. *Théâtre complet*. Paris: Gallimard, "Bibliothèque de la Pléiade", 2005, p. 1469-1489.

LEROUX, H. "Sur quelques aspects de la réception de Max Scheler en France". *Phänomenologische Forschungen*, vol. 28-29, 1994, p. 332-356.

LÉVI-STRAUSS, C. "Guerre et commerce chez les Indiens de l'Amérique du Sud". *Renaissance*, vol. 1, n. 1-2, 1943, p. 122-139.

______. "La politique étrangère d'une société primitive". *Politique étrangère*, n. 2, maio, 1949, p. 139-152.

______. "La politique étrangère d'une société primitive". *Ethnies*, vol. 19 – "Claude Lévi-Strauss et les Nambikwara", n. 33-34, 2009, p. 114-130.

______. "La politique étrangère d'une société primitive". *Anthropologie structurale zéro*. Paris: Seuil, 2019, p. 201-219.

LOYER, E. *Lévi-Strauss*. Paris: Flammarion, 2015.

MAULNIER, T. "'Situations' et situation de Sartre". *Hommes et mondes*, vol. 7, n. 29, dezembro, 1948a, p. 686-691.

______. "Le Monde de la Terreur". *La Table Ronde*, n. 4, abril, 1948b.

MAUROIS, A. À la recherche de Marcel Proust, *avec de nombreux inédits*. Paris: Hachette, 1949.

MAUROIS, A. "Marcel Proust et le temps retrouvé". *La Chaîne Nationale*, 1º de março de 1948. Emissão *Grands écrivains, grandes conférences* de Philippe Garbit, do dia 21 de agosto de 2014. *France Culture*, 1948. Disponível em https://www.franceculture.fr/emissions/grands-ecrivains-grandes-conferences/proust-45-et-le-temps-retrouve-par-andre-maurois.

MAUSS, M. "Essai sur le don. Forme et raison de l'échange dans les sociétés archaïques". *Sociologie et Anthropologie*. Paris: PUF, 2010a [1925], p. 145-279.

______. "Les techniques du corps". *Sociologie et Anthropologie*. Paris: PUF, 2010b [1936], p. 365-386.

MAZZA, V. *Albert Camus et* L'État de siège. *Genèse d'un spectacle*. Paris: Classiques Garnier, 2017.

MERLEAU-PONTY, M. *Phénoménologie de la perception*. Paris: Gallimard, 1945.

PAMS, M. "Sartre et le *Saint Genet*: de l'ontologie de la mauvaise foi à la politique de la révolte". *Études sartriennes*, n. 19, 2015, p. 185-211.

PATOČKA, J. *Carnets philosophiques, 1945-1950*. Tradução de Erika Abrams. Paris: Vrin, 2021.

PEYRE, H. "La Littérature en France en 1948-1949". *The French Review*, vol. 23, n. 3, 1950, p. 173-197.

RUYER, R. *Éléments de psycho-biologie*. Paris: PUF, 1946.

______. *Le monde des valeurs. Études systématiques*. Paris: Aubier, 1948.

______. *La conscience et le corps*. Paris: Vrin, 2020.

SARTRE, J.-P. *L'enfant et les groupes*. Manuscrito conservado nos Fundos Sartre do Harry Ransom Humanities Research Center de l'Université d'Austin (Texas, États-Unis) sob a notação "269.7, Lake/Sartre, Jean-Paul / Works" (*collection Carlton Lake*, caixa 269, dobrador 7) com o título : "L'enfant et les groupes"/ *Ams with a few A. emendations in a black notebook* [66 p.], s/d.

______. *L'être et le néant – Essai d'ontologie phénoménologique*. Paris: Gallimard, 1943.

______. "Défense de la culture française par la culture européenne". *Politique étrangère*, n. 3, 1949, p. 233-248.

______. *Cahiers pour une morale*. Paris: Gallimard, 1983 [1947-1949].

______. *Critique de la Raison dialectique*. Paris: Gallimard, 1985 [1960], p. 213-216.

______. *Questions de méthode*. Paris: Gallimard, 1986 [1957].

______. *Vérité et existence*. Paris: Gallimard, 1989.

______. "Morale et histoire". In: SIMONT, J.; CORMANN, G. (Eds.). *Les Temps Modernes*, n. 632-634, "Notre Sartre", jul.-out. 2005 [1964-1965], p. 268-414.

______. "Les racines de l'éthique. Conférence à l'Institut Gramsci, maio 1964". In: BOURGAULT, J.; CORMANN, G. *Études sartriennes*, n. 19. Bruxelas: Ousia, 2015, p. 11-118.

______. Les Mots. *Les Mots et autres écrits autobiographiques*. Paris: Gallimard, "Bibliothèque de la Pléiade", 2010a, p. 1-140.

______. *Carnets de la drôle de guerre*. *Les Mots et autres écrits autobiographiques*. Paris: Gallimard, "Bibliothèque de la Pléiade", 2010b [1939-1940], p. 143-652.

______. Cahier Lutèce. *Les Mots et autres écrits autobiographiques*. Paris: Gallimard, "Bibliothèque de la Pléiade", 2010c, p. 907-937.

SCHELER, M. "Der Formalismus in der Ethik und die materiale Wertethik. Neuer Versuch der Grundlegung eines ethischen Personalismus". *Jahrbuch für Philosophie und phänomenologische Forschung*, editado por Edmund Husserl, vol. 1 e 3, 1913/1916.

______. *Le Formalisme en éthique et l'éthique matériale des valeurs. Essai nouveau pour fonder un personnalisme éthique*. Tradução de Maurice de Gandillac. Paris: Gallimard, 1955, "Bibliothèque de philosophie dirigée par Maurice Merleau-Ponty et Jean-Paul Sartre".

SIMONT, J.; ELKAÏM-SARTRE, A. "Annotation des *Carnets de la drôle de guerre*". *Les Mots et autres écrits autobiographiques*. Paris: Gallimard, "Bibliothèque de la Pléiade", 2010, p. 1394-1487.

SLAMA, P. "Phénoménologie de l'outil. Husserl, Scheler, Heidegger et la dissémination intentionnelle". *Revue Philosophique de Louvain*, vol. 117, n. 4, 2019, p. 653-682.

VERSTRAETEN, P. "Y a-t-il une morale dans *Critique de la raison dialectique* ?". *Études sartriennes*, n. 4, Cahiers de sémiotique textuelle (18), 1990, p. 45-68.

WORMSER, G. "Éthique et violence dans les *Cahiers pour une morale*". *Cités*, n. 22 (2), 2005, p. 73-88.

ZWEIG, S. "La destinée tragique de Marcel Proust". *La Chambre aux secrets*. Tradução de David Sanson. Paris: Robert Laffont, 2020 [1925], p. 211-212.

Sobre os autores

Fabio Caprio Leite de Castro

É professor do Programa de Pós-Graduação em filosofia da PUCRS (Porto Alegre). Doutor em filosofia pela Université de Liège – ULg (Bélgica). Autor dos livros *A ética de Sartre* (Edições Loyola, 2016) e *Fenomenologia da depressão: aspectos constitutivos da vivência depressiva* (Editoras PUC-Rio, Nau e Documenta, 2021). Coorganizador dos livros *Sartre hoje* (Editora Fi, 2017), *Paradoxos da virtualidade: Sartre e a contemporaneidade* (Editora Fênix, 2021), *Sartre e a política* (Editora PUC-Rio, 2019) e *Sartre e a estética* (Editora PUC--Rio e Numa Editora, 2022).

Marcelo S. Norberto

É professor e pesquisador (CCE/PUC-Rio). Autor de *O drama da ambiguidade: a questão moral em O ser e o nada* (Edições Loyola, 2017), coorganizou os livros *Sartre hoje* (Editora Fi, 2017), *Sartre e a política* (Editora PUC-Rio e Via Verita, 2019), *Paradoxos da virtualidade: Sartre e a contemporaneidade* (Editora Fênix, 2021) e *Sartre e a estética* (Editora PUC-Rio e Numa Editora). Atua nas áreas de filosofia francesa contemporânea, ética e filosofia política.

Vincent de Coorebyter

É professor titular de filosofia social e política contemporânea na Université Libre de Bruxelles – ULB (Bélgica). Membro da Académie Royale de Belgique. Diretor adjunto das *Études sartriennes*. Autor dos livros *Sartre face à la phénoménologie. Autour de "L'intentionnalité" et de "La transcendance de l'Ego"* (Editora Ousia, 2000), *Sartre avant la phénoménologie. Autour de "La nausée" et de la "Légende de la vérité"* (Editora Ousia, 2005).

Fernando Gastal de Castro

É professor associado do Instituto de Psicologia da UFRJ, professor e pesquisador do Programa de Pós-Graduação em psicologia da UFRJ, doutor em psicologia pela UFSC-Paris 7 e pós-doutor em psicologia pela UAB (Espanha). Possui publicações nos campos da crítica do trabalho, da psicanálise existencial, do existencialismo e da clínica fenomenológica.

Carolina Mendes Campos

É doutora e mestre em psicologia clínica pela PUC-Rio. Graduada em psicologia também pela PUC-Rio, atende na abordagem existencial desde 2001. É professora e coordenadora do curso de formação do IPA – Instituto de Psicologia e Arte – intitulado Psicologia Existencial Hoje. É supervisora clínica e autora de artigos e capítulos de livros ligados à clínica sartriana.

André Barata

É professor na Universidade da Beira Interior, onde dirige a Faculdade de Artes e Letras. Preside também a Sociedade Portuguesa de Filosofia. Os seus interesses circulam pelo pensamento existencial e pela filosofia social. Os seus títulos mais recentes são *E se parássemos de sobreviver: pequeno livro para pensar e agir contra a ditadura do tempo* (Editora Documenta, 2018), *O desligamento do mundo e a questão do humano* (Editora Documenta, 2020), *Para viver em qualquer mundo: nós, os lugares e as coisas* (Editora Documenta, 2022).

Grégory Cormann

É professor de filosofia francesa contemporânea e filosofia das ciências humanas na Université de Liège – ULg (Bélgica). Membro fundador do Centre de Recherche "Phénoménologies" da ULg. Membro da equipe ITEM-CNRS "Sartre" (Paris). Editor de *L'Année sartrienne* (desde 2007). Coautor do livro *Le cas Jonas: Essai de phénoménologie clinique et criminologique* (Editora Hermann, 2021). Autor do livro *Sartre. Une Anthropologie Politique 1920-1980* (Editora Peter Lang, 2021).